改訂版

文部科学省若手職員が
学校管理職の疑問に答える

現代的学校マネジメントの法的論点 厳選10講

はじめに
～本書を手に取ってくださった方へのご挨拶～

　学校現場においても「マネジメント」という言葉を聞く機会が多くなりましたが、改めてこの語義を確認してみると、「人・賃金・時間などを最も効率的に用い、企業を維持・発展させること（『大辞林』（三省堂）より）」とあります。これを踏まえて、本書のタイトルにもなっている「学校マネジメント」について、筆者なりに説明すると、**学校における有限な資源であるヒト・モノ・時間などを最大限効果的・効率的に活用することにより、子供たちに良質な教育を提供し、教育成果をあげること**といえます。

　このような学校マネジメントの過程では、学校管理職が難しい判断を迫られる様々な課題が発生し、これらの課題の中には、法令の観点からの判断が求められるものも、そうでないものも存在することになります。

　本書は、そのような学校マネジメントにおける課題の中で、

○　学校現場の管理職を中心とした学校関係者が、**主に法令の観点からの判断が求められる課題に関し、肩に力を入れることなく、気軽に読んでいただける入門書とすることを特に意識**して、第１講から第10講までの問題の解説はもちろん、昨今議論となっているテーマや、発展的内容のテーマについても、会話形式やコラム形式を用いて、**分かりやすい解説に努めたもの**

○　頻出かつ現代的な課題を精選して取り上げるとともに、法令の観点からの解説を中心として、課題の背景や関連する教育政策とのリンクについても解説したもの

となっています。

【教育関係法令を学ぶ意義】

　そして、ここで皆様と共有しておきたいのは、**教育関係法令を学ぶ意義と**

はじめに

は何か、ということです。

　それは、**法令が、学校管理職が学校マネジメントにおける課題を判断していく上での「原理原則」**であるからだと考えています。もちろん、これらの課題は、教育の専門職である先生方のこれまでの経験と実力によって判断できるものがほとんどであると思います。しかし、それでもなお、多様化・複雑化している学校現場においては、これまでの経験が通用しない事例が出てきて、ときとして判断に苦しむことがあるのではないでしょうか。このことは、管理職であればなおさらだと思います。

　そのようなときに、**冷静に、ぶれずに妥当な判断をするためには、「原理原則」に照らして判断する必要があり**、その「原理原則」は、尊敬する先輩の言葉であったり、哲学書の一節であったり、色々あるかと思いますが、その中でも大きな柱として存在するのが「法令」ではないでしょうか。

　ですから、「法令」で学校現場における課題が全て解決するなどというおこがましいことを申し上げるつもりはありません。ただ、**判断に迷うときの基準や道しるべとなるのが、「原理原則」たる「法令」と「法令」が前提としている考え方であり、これらは、学校マネジメントにおける課題を解決していく上で必要な知識である**と筆者は考えています。

　また、法令の観点からの解説と聞くと、とかく難解な条文や解釈が並び、敷居が高いイメージがあろうかと思います。本書においては、強引な簡略化は避けつつも、読んでわかりやすいこと、課題の背景や関連政策にもふれることで厚みのある解説を展開することを心掛けています。学校マネジメントをめぐる多くの困難な課題に立ち向かう皆様にとって、本書が、**法令というものを、「課題解決を困難にする壁」から「課題解決を助ける武器」へと変えていくためのきっかけ**となれば、これ以上嬉しいことはありません。

【各講の簡単な紹介】

　本書で取り上げている第1講から第10講までの各講は、いずれも、筆者が日々の業務から、また、現職の校長や教育委員会職員の方々の声から、法令

の観点からの判断が求められる課題として、主に公立学校の現場において頻出かつ現代的であると考えたものを取り上げています。各講について、本書で取り上げることとした背景・問題意識を簡単にご案内します（詳細は各講の「問題の背景」をご覧ください）。

第1講　教育関係法令の基礎知識（入門編）
→まずは、教育関係法令の基礎について学び、第2講以降の学びをスムーズにすることを意図したものです。

第2講　教育委員会や地域との関係・連携
→自律的・組織的な学校運営が求められている中、学校が地域社会においてどのような位置に置かれているのか、学校と教育委員会、学校と地域住民との関係に焦点を当てて考えます。

第3講　PTAが主催して学校や教員とともに行う補習授業
→保護者や地域住民とともに学校づくりをすることが重要となっている中、PTAが主催し、教員が講師となる補習授業の実施の在り方について具体的に考えます。

第4講　部活動における学校事故に対する危機管理
→不幸にして事故が起こった場合、学校が児童生徒や保護者との関係でどのような法的責任を負うかを認識しておくことは、危機管理（リスクマネジメント）上の重要な知識です。本講では、部活動中の事故を例に考えます。

第5講　土日や祝日における授業や運動会の実施
→限られた時間の中で、土日や祝日を活用することができるのか。授業や運動会を例に、教員の勤務の在り方を中心に考えます。

第6講　教員以外の多様な専門スタッフのマネジメント
→今後の学校においては、保護者や地域住民に加え、教員以外の専門スタッフを活用することが重要です。本講では、部活動指導員の活用の在り方やALTの民間委託について考えます。

はじめに

第7講　教員の「心の病」への対応
　→教員のメンタルヘルスの問題は、深刻なものであり続けています。本講では、精神疾患となった教員が休職する際や、復職する際の対応について考えます。

第8講　子供への指導が不適切など問題のある教員への対応
　→問題のある教員への対応は、頭の痛い問題ですが、学校管理職として厳正な対応が求められる事案です。本講では、指導が不適切な教員や、職場外における素行が不良な教員への対応を考えます。

第9講　制限される政治的行為の判断
　→教員の政治的行為の制限に関する法令は複雑であり、その理解は容易ではありません。本講では、具体的な事例に基づいて、どのような行為が違法となるかを考えます。

第10講　学校現場における職員団体への対応
　→学校現場における職員団体との話合いや交渉について、適切な対応を考えます。

平成23年11月　高橋洋平
栗山和大

改訂に当たって

　本書は東日本大震災の前後に執筆しました。あれから7年が経過したと考えると月日の早さを感じます。高橋が現在勤めている福島県では、今なお原発事故や風評・風化との闘いが続いていますが、避難指示が解除された地域で小中学校が再開したり、新設されたふたば未来学園高等学校で初めての卒業生が出たりと、教育の復興も一歩ずつ前進しているところです。
　思い起こせば、初版を執筆していた頃は、筆者の二人は高校授業料の実質

はじめに

無償化に係る立法や事業仕分けの対応などに従事し、目まぐるしい日々の仕事に追われる中で、仕事から学んだことをしっかりとストックとして残さなければという想いに駆られ、週末に集まっては執筆にいそしみ、本書を出版しました。

その後、ここ数年の間に教育委員会制度の改革、学習指導要領の改訂、高大接続改革などが進められてきました。今回の改訂では、本書の基本的コンセプトは変えずに、様々な教育制度・教育界の変化に対応するとともに、初版からの我々の成長も詰め込んだつもりです。本書を通じて、教育現場の難題に対して奮闘されている皆様の力に少しでもなれればと思っています。

我々は、学校現場からは顔の見えづらい文部科学省という組織にいながらも、学校現場のことを想い、悩み、教育に懸ける情熱を胸に日々職務に当たっています。ささやかな野心ではありますが、本書が、こうした文部科学省職員の想いを少しお伝えすることもできれば幸いです。

なお、本書はあくまで個人として出版するものであり、本書における記載は文部科学省の見解ではないことを予めお断りしておきます。

平成30年3月　高橋洋平
　　　　　　　栗山和大

目次

はじめに

第1講 教育関係法令の基礎知識（入門編） ……………………… 1
【COFFEE BREAK】県費負担教職員の人事権の移譲　13
【コラム】文部科学省に伝わる「教育行政の三則」とは？
　　　　　〜筋を通す、論より証拠、簡潔明瞭〜　18

第2講 教育委員会や地域との関係・連携 ……………………… 21
【COFFEE BREAK】学校と地域との連携・協働の深化　40
【コラム】教育委員会制度、何が変わった？　46

第3講 ＰＴＡが主催して学校や教員とともに行う補習授業 …… 51
【COFFEE BREAK】民間人校長　67
【コラム】文部科学省職員は教員の上司？ 〜教育の踊る大捜査線〜　74

第4講 部活動における学校事故に対する危機管理 ……………… 77
【COFFEE BREAK】「自警」〜初代文部大臣からのメッセージ〜　91

第5講 土日や祝日における授業や運動会の実施 ……………… 95
【COFFEE BREAK】教職調整額と超勤４項目　109
【コラム】理想の教師とは？ 〜教員に求められる資質能力〜　116

| 第6講 | 教員以外の多様な専門スタッフのマネジメント ……… | **125** |

【コラム】主幹教諭と主任は何が違うのか？ ～職と校務分掌～　　149

| 第7講 | 教員の「心の病」への対応 ……………………………… | **153** |

【COFFEE BREAK】学校における働き方改革　　167
【コラム】いじめ防止対策推進法の条文を読む　　171

| 第8講 | 子供への指導が不適切など問題のある教員への対応 ‥ | **177** |

【COFFEE BREAK】教員という職業がもつ魅力　　191
【コラム】高校無償化法案はどのようにつくられた？
　　　　～法律立案プロジェクトチームのある一日～　　196

| 第9講 | 制限される政治的行為の判断 ……………………………… | **199** |

【COFFEE BREAK】選挙権年齢引下げをめぐる議論　　215
【コラム】どのように教特法が改正されたのか？ ～昭和29年当時の時代背景～　　221

| 第10講 | 学校現場における職員団体への対応 ………………… | **225** |

【COFFEE BREAK】公務員の定年制のゆくえ　　242

《付録》　今さら他人に聞けない？
　　　　身近な教育関係制度の基礎の基礎！
　　　　【教育委員会・学校編】【教室編】【教員編】 ………　**253**

おわりに

◆装丁／篠　隆二

本書の構成

本書は全10講からなり、各講の構成は以下の通りとなっています。また、それぞれの講では関連法令の条文はもちろんのこと、現代の学校をとりまく状況に関する統計資料や、課題解決の参考となる判例なども収録しています。

◎各講の構成

【キーワード】：各講のポイントとなる用語をピックアップしています。

問題：学校管理職が現場で直面する具体的な問題を提示しています。

☞ 問題のポイント：問題解決の上での要点を簡潔にまとめています。

問題の背景 ≫：問題が起こる背景や、現在の学校をとりまく状況を解説しています。

関係法令の基礎知識　問題解決の根拠となる法令の条文を紹介し、その解釈を分かりやすく説明しています。「解説」を読む前にぜひ頭に入れておきましょう。

解説　問題への対処方法を法的な論点を踏まえながら、丁寧に解説しています。本書のメインとなります。じっくり読み、理解を深めてください。

　解説を理解する上で、知っていると役立つ知識を紹介しています。

　解説より派生した発展的な論点を深く掘り下げています。

　筆者二人の会話形式で、昨今議論となっているテーマや、発展的内容のテーマについて分かりやすく解説しています。

コラム……　現代の学校管理職にぜひ知っておいてほしいことなど様々なテーマを紹介しています。

第1講
教育関係法令の基礎知識（入門編）

【キーワード】
◎教育関係法令の体系　◎国、教育委員会、学校の関係　◎設置者管理主義
◎義務教育費国庫負担制度　◎県費負担教職員制度

　ここでは教育関係法令に関する基本事項を学びたいと思います。これまで教育関係法令について学んだことのある方にとっては、すでにご存じの内容も多いかと思いますが、第2講からの解説をスムーズに理解するためにも、以下の基本事項を確認していきましょう。

1　法令を読み進めるに当たっての基礎知識

（1）法令の階層構造

　わが国の法体系は憲法を頂点として法律、政令、省令、告示、地方公共団体の制定する条例、規則等により系統的な構造となっています。法律は国会で制定されますが、政令・省令は法律の委任に基づいて制定される「命令」ともいわれます（政令は内閣が制定し、省令は各大臣が制定します）。一般に「法令」という言葉が使われますが、およそ法律と命令などを合わせて呼ぶ用語と考えていただければよいかと思います。なお、告示とは大臣等の行政機関が重要な事項の決定等について、広く一般に知らせるものです。

　また、条例は地方議会で制定されるものであり、地方公共団体の規則は地方公共団体の長や委員会が、その権限に属する事務について制定するものです。教育委員会が定める規則を「教育委員会規則」といい、学校管理規則もこの一種です。

　なお、憲法第94条では、「法律の範囲内で条例を制定することができる」とされており、地方自治法第14条第1項では、「法令に違反しない限りにお

いて」条例を制定することができるとされています。
　これらのことを整理すると以下のようになります。

【法令の階層構造】
　　憲法─法律─政令─省令─告示等　〈国が定める法令〉
　　　　─条例─規則等　　　　　　〈地方公共団体が定める法令〉

　法令には、相互に矛盾することなく、法秩序を保持するため、上下の関係があり、その効力に差があります（このことを「法令の階層構造」といいます）。わが国の最高法規は憲法であり、立法府である国会が制定する法律は憲法に反することはできません。また、同様に法律の規定に違反するような政令、省令、条例、規則等を制定することはできません。

（2）一般法と特別法
　「一般法」とは、民法、刑法など特段の制限がなく適用される法律のことであり、一方、「特別法」とは、特定の人、場所、条件に限って適用される法律のことです。
　ここでは次のフレーズを覚えてください。「**一般法は特別法に勝てない**」。このフレーズの意味するところは、「特別法」において、「一般法」と異なる定めがある場合、「特別法」の定めが優先されますよ、ということです（これを「特別法優先の原理」といいます）。
　例えば民法は、株式会社に限らず、友人同士といったような一般の私人間の利害調整を行うための法律である一方、商法は、商人間の取引について規定し、会社法は、株式会社等について規定する法律であり、商取引や株式会社といった特別な領域ではこれらの法律が優先して適用されます。これは、民法が「一般法」であるのに対して、商法や会社法は「特別法」であるということになります。
　同様に、本書で頻繁に紹介する法律である地方公務員法と教育公務員特例

法も、「一般法」と「特別法」の関係にあるといえます。公立学校の教員は、地方公務員であるとともに、教育公務員でもあります。この場合にはどちらが優先して適用されるか、もうお分かりですね？　そうです、特別法である教育公務員特例法です。

　例えば地方公務員法第22条では、条件附採用期間（いわゆる試用期間のこと）は原則半年とされているのに対して、教育公務員特例法第12条では、初任者研修制度など教員の職務の特殊性から１年とされています。

　もちろん、特別法である教育公務員特例法に何らの定めがない場合は、一般法である地方公務員法の規定が適用されることになります（参考までに次ページの**表**に、教育公務員と地方公務員の違いを整理しています）。

2　教育関係法令の構成

　1では法令の階層構造と一般法・特別法の関係について学習しましたが、本書でしばしば紹介する主な教育関係の法令の体系を図示すると**図1**のようになります。この関係性は重要ですので、念頭に置いておくとより理解が進むと思います。

　このほか、教育職員の免許に関する基準等を定める教育職員免許法（とても難解な法律です）や、教科書関係の各種法令（義務教育諸学校の教科用図書の無償措置に関する法律等）、学校保健安全法、学校給食法、理科教育振興法、産業教育振興法、へき地教育振興法、学校図書館法、公立義務教育諸学校の学級編制及び教職員定数の標準に関する法律、高等学校等就学支援金の支給に関する法律など、沢山の教育関係法令があります。

　また、皆様がよくご存じの「学習指導要領」は、学校教育法の委任によって定められるもので、文部科学大臣による「告示」という形式で定められています。学習指導要領は学校教育法等の規定を受け制定されている教育課程の大綱的な基準であり、法規としての性質を有しています。

表　一般法である地方公務員法と特別法である教育公務員特例法の違い

	地方公務員法	教育公務員特例法
採用	○職員の採用は、人事委員会が行う競争試験による（第17条の2第1項）。	○校長及び教員の採用は教育長が行う選考による（第11条）。
条件附採用	○条件附採用の期間は原則6月（第22条）。	○教育公務員の条件附採用の期間は1年（第12条）。
兼職・兼業	○営利を目的とする会社の役員などに就任する場合、営利を目的とする私企業を営む場合または報酬を得て他の事務、事業に従事する場合には、人事委員会規則で定める許可基準に基づく任命権者の許可を得ることが必要（第38条）。	○教育公務員は、任命権者が本務に支障がないと認めれば、教育に関する他の職を兼ね、または教育に関する他の事業もしくは事務に従事することができる（第17条）。
政治的行為の制限	○政治的行為が制限されるのは、原則として当該地方公共団体の地域に限られる（第36条第2項）。 ○制限されている行為が、国家公務員に比べて範囲が狭い（条例に特に定めがない場合）。	○公立学校の教育公務員の政治的行為の制限は、国家公務員の例による（第18条第1項）。 ・教育公務員の場合は、政治的行為が全国で制限される。 ・制限される行為が国家公務員法第102条及び人事院規則14－7に詳細に規定されている。
研修	○職員には、勤務能率の発揮及び増進のために研修を受ける機会が与えられなければならない（第39条第1項）。 ○地方公共団体は、研修の目標、研修に関する計画の指針となるべき事項その他研修に関する基本的な方針を定めるものとする（第39条第3項）。	○研究と修養の努力義務が課されている（第21条第1項）。 ○任命権者は教員の職責、経験及び適性に応じて向上を図るべき教員としての資質に関する指標を定めるものとする（第22条の3）。 ○任命権者は、指標を踏まえ、毎年度、教員研修計画を定めるものとする（第22条の4）。 ○任命権者は初任者研修及び中堅教諭等資質向上研修を実施しなければならない（第23条・第24条）。 ○任命権者の許可を受けて、専修免許状の取得を目的として、3年以内の大学院修学休業ができる（第26条）。

図1　主な教育関係法令の体系（イメージ）

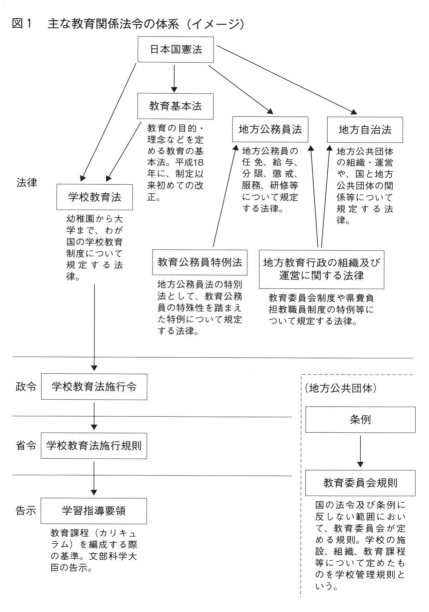

※矢印の元側が上位の法令または特別法

3　国、教育委員会、学校の役割と関係

　初等中等教育における国と地方公共団体の役割分担については、**設置者管理主義**（詳しくは4で扱います）**に基づいて、公立学校の設置者である地方公共団体が教育の実施主体として責任を負う**とともに、国も教育の機会均等や全国的な教育水準の維持向上について責任を負うことになっています。

○学校教育法
第5条　学校の設置者は、その設置する学校を管理し、法令に特別の定のある場合を除いては、その学校の経費を負担する。

○教育基本法
　（教育行政）
第16条　（略）
2　**国**は、全国的な教育の機会均等と教育水準の維持向上を図るため、教育に関する施策を総合的に策定し、実施しなければならない。
3　**地方公共団体**は、その地域における教育の振興を図るため、その実情に応じた教育に関する施策を策定し、実施しなければならない。
4　国及び地方公共団体は、教育が円滑かつ継続的に実施されるよう、必要な財政上の措置を講じなければならない。

　都道府県の役割としては、都道府県立高等学校の設置・管理、市町村立小中学校の教職員の人事、給与費の負担などがあり、**市町村**の役割としては、小中学校の設置・管理、教職員の服務監督などがあります。
　国の役割としては、①学校教育制度の枠組みの制定、②学習指導要領や教員免許など全国的な基準の設定、③公立小中学校の教職員給与費の負担・校舎建設にかかわる経費の補助、教科書の無償供与、高等学校等就学支援金の支給に必要な費用の交付などの教育条件整備があります。
　また、国と地方公共団体の相互の関係性は、地方教育行政の組織及び運営に関する法律（以下「地教行法」という）で規定され、文部科学大臣は都道

府県教育委員会または市町村教育委員会に対して、都道府県教育委員会は市町村教育委員会に対して指導・助言等の関与ができることとされています。

> ○地方教育行政の組織及び運営に関する法律
> 　（文部科学大臣又は都道府県委員会の指導、助言及び援助）
> 　第48条　地方自治法第245条の4第1項の規定によるほか、**文部科学大臣は都道府県又は市町村に対し、都道府県委員会は市町村に対し**、都道府県又は市町村の教育に関する事務の適正な処理を図るため、必要な指導、助言又は援助を行うことができる。
> 　2～4　（略）

　国（文部科学省）、教育委員会、学校の役割及び関係性について図示すると**図2**のようになります。

図2　国（文部科学省）、教育委員会、学校の役割及び関係性

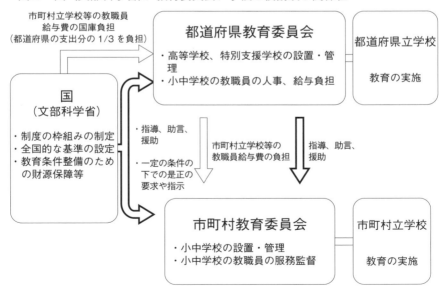

（文部科学省ホームページを参考に作成）

4　設置者管理主義と、例外としての県費負担教職員制度

　学校教育法第5条では、「学校の設置者は、その設置する学校を管理し、法令に特別の定のある場合を除いては、**その学校の経費を負担する**」とされており、いわゆる「**設置者管理主義**」の原則が規定されています。この規定に基づく管理権限には、物的管理、人的管理、運営管理のいっさいが含まれると解されています。

　したがって、学校の経費についても、人的経費を含め、公立学校の設置者である地方公共団体が負担することが大原則です。しかし、法律の世界にはよくあることですが、原則にはしばしば「例外」があるものです（しかも、その例外が非常に重要な意味をもつことが多いのですが）。設置者管理主義からすれば、本来、市町村が設置する小中学校の教職員の給与（人的経費）は市町村が負担することとなりますが、この原則の例外として、市町村立小中学校の教職員の給与については、市町村間の財政力格差により人材確保が困難になり、地域ごとの教育水準に格差が生じないよう、都道府県が市町村に代わって負担することとなっています（市町村立学校職員給与負担法第1条）。さらに、国は、都道府県が市町村に代わって負担する給与費の1/3を負担しています（**義務教育費国庫負担制度**（義務教育費国庫負担法第2条））。また、これら市町村立小中学校の教職員の人事については、地教行法第37条第1項によって、その任命権（採用、転任、昇任、降任、免職、懲戒などを含む人事権）は都道府県教育委員会に属することとされ、教育の機会均等や教職員の多様な経験などの観点から広域的な人事異動が実施されています。

　このように、市町村立小中学校の教職員は、市町村の職員であるにもかかわらず、給与を都道府県が負担し、任命権も都道府県教育委員会が有しています。このような仕組みが、「**県費負担教職員制度**」（図3）であり、第2講以降においては、都道府県が給与を負担し、任命権を有する小中学校の教職員のことを「**県費負担教職員**」と呼びます。

○市町村立学校職員給与負担法

第1条　市（地方自治法（昭和22年法律第67号）第252条の19第1項の指定都市（略）を除き、特別区を含む。）町村立の小学校、中学校、義務教育学校、中等教育学校の前期課程及び特別支援学校の校長（中等教育学校の前期課程にあつては、当該課程の属する中等教育学校の校長とする。）、副校長、教頭、主幹教諭、指導教諭、教諭、養護教諭、栄養教諭、助教諭、養護助教諭、寄宿舎指導員、講師（略）、学校栄養職員（略）及び事務職員のうち次に掲げる職員であるものの給料、扶養手当、地域手当、住居手当、初任給調整手当、通勤手当、単身赴任手当、特殊勤務手当、特地勤務手当（略）、へき地手当（略）、時間外勤務手当（学校栄養職員及び事務職員に係るものとする。）、宿日直手当、管理職員特別勤務手当、管理職手当、期末手当、勤勉手当、義務教育等教員特別手当、寒冷地手当、特定任期付職員業績手当、退職手当、退職年金及び退職一時金並びに旅費（略）並びに定時制通信教育手当（中等教育学校の校長に係るものとする。）並びに講師（略）の報酬、職務を行うために要する費用の弁償及び期末手当（略）は、都道府県の負担とする。

一～三　（略）

※下線は平成32年度施行。

○義務教育費国庫負担法

（教職員の給与及び報酬等に要する経費の国庫負担）

第2条　国は、毎年度、各都道府県ごとに、公立の小学校、中学校、義務教育学校、中等教育学校の前期課程並びに特別支援学校の小学部及び中学部（学校給食法（昭和29年法律第160号）第6条に規定する施設を含むものとし、以下「義務教育諸学校」という。）に要する経費のうち、次に掲げるものについて、その実支出額の3分の1を負担する。ただし、特別の事情があるときは、各都道府県ごとの国庫負担額の最高限度を政令で定めることができる。

一　市（地方自治法（昭和22年法律第67号）第252条の19第1項の指定都市（以

下「指定都市」という。）を除き、特別区を含む。）町村立の義務教育諸学校に係る**市町村立学校職員給与負担法**（昭和23年法律第135号）**第１条**に掲げる職員の給料その他の給与（退職手当、退職年金及び退職一時金並びに旅費を除く。）**及び報酬等に要する経費**（以下「教職員の給与及び報酬等に要する経費」という。）

二　都道府県立の中学校（学校教育法（昭和22年法律第26号）第71条の規定により高等学校における教育と一貫した教育を施すものに限る。）、中等教育学校及び特別支援学校に係る教職員の給与及び報酬等に要する経費

三　都道府県立の義務教育諸学校（前号に規定するものを除く。）に係る教職員の給与及び報酬等に要する経費（学校生活への適応が困難であるため相当の期間学校を欠席していると認められる児童又は生徒に対して特別の指導を行うための教育課程及び夜間その他特別の時間において主として学齢を経過した者に対して指導を行うための教育課程の実施を目的として配置される教職員に係るものに限る。）

第３条　国は、毎年度、各指定都市ごとに、公立の義務教育諸学校に要する経費のうち、指定都市の設置する義務教育諸学校に係る教職員の給与及び報酬等に要する経費について、**その実支出額の３分の１を負担する**。ただし、特別の事情があるときは、各指定都市ごとの国庫負担額の最高限度を政令で定めることができる。

○地方教育行政の組織及び運営に関する法律

（任命権者）

第37条　市町村立学校職員給与負担法（昭和23年法律第135号）第１条及び第２条に規定する職員（以下**「県費負担教職員」**という。）**の任命権は、都道府県委員会に属する。**

２　（略）

第1講 教育関係法令の基礎知識（入門編）

図3　県費負担教職員制度

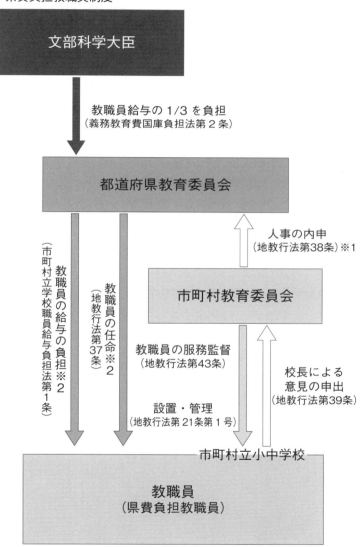

※1　地教行法…地方教育行政の組織及び運営に関する法律
※2　例外として、指定都市は、自ら教職員の任命を行うとともに給与を負担している。

（文部科学省ホームページを参考に作成）

011

> **豆知識**
>
> ◎指定都市立小中学校の教職員の任命権・給与負担
>
> 　指定都市の小中学校の教職員の皆様におかれては、ここまで読み進めたところで違和感を覚えていらっしゃるかもしれません。その通り、平成30年3月現在で全国に20市ある指定都市の小中学校の教職員については、その任命権は都道府県教育委員会ではなく、指定都市教育委員会にあるとともに、平成29年4月以降は、所要の法改正や税源移譲が行われ、給与負担についても都道府県から指定都市の事務となっています（市町村立学校職員給与負担法第1条、義務教育費国庫負担法第3条）。
>
> 　つまり、指定都市の教職員については、「設置者管理主義」の例外としての「県費負担教職員制度」のさらなる例外となっているわけですが、実はこれは、結果として学校教育法第5条による「設置者管理主義」の原則通りの任命権・給与負担の在り方となっているのです。
>
> 　この点、本書では記述が複雑になることを避けるため、その都度言及していませんが、指定都市の読者の皆様におかれましてはご了承ください。

県費負担教職員の人事権の移譲

K「第1講で勉強したように、県費負担教職員、すなわち、指定都市を除く市町村立小中学校の教職員の人事権は、都道府県教育委員会にあるという制度になっていますよね。ところが、大阪府では、条例によって、県費負担教職員の人事権を大阪府教育委員会から指定都市ではない一部の市町村の教育委員会に移譲しているという話を聞いたんですが、一体どういうことなんでしょうか。」

T「平成24年度から、大阪府の豊能(とよのう)地区3市2町(豊中市、池田市、箕面市、豊能町、能勢町)に県費負担教職員の人事権を移譲しているという話だね。」

K「へえ、すでに現実のものになっているんですね。しかし、県費負担教職員の人事権が都道府県教育委員会にあるということは法律(地教行法第37条第1項)で定められていますよね。にもかかわらず、どうして大阪府の条例によって市町村教育委員会に人事権を移譲することができるんでしょうか。法律で定められていることを条例で覆すことはできないはずですよね。」

T「そうくると思ったよ。それについては、大阪府知事からの人事権移譲の可否についての問い合わせに対し、文部科学副大臣が平成22年4月に回答している。回答では、県費負担教職員の人事権について、『教職員の適正配置と人事交流の円滑化により、教育水準の維

持向上を図るという県費負担教職員制度の趣旨・目的が損なわれることのない範囲において、事務処理特例制度を活用し、市町村が処理することとすることは可能』としているんだ。」

K「事務処理特例制度というのは、一体何なんでしょうか…。」

T「事務処理特例制度というのは、住民に身近な行政は、できる限り住民に身近な地方公共団体である市町村が担当できるようにするという趣旨の下、都道府県が地域の主体的な判断に基づき、事務処理特例条例を定めることにより、市町村の規模や能力等に応じて都道府県の権限を市町村へ移譲することができる仕組みのことだよ。教育委員会の権限の移譲については、地教行法第55条第1項に規定されていて、『都道府県は、都道府県委員会の権限に属する事務の一部を、条例の定めるところにより、市町村が処理することとすることができる。この場合においては、当該市町村が処理することとされた事務は、当該市町村の教育委員会が管理し及び執行するものとする』とされている。」

K「なるほど、この事務処理特例制度を活用することにより、法律を改正しなくても、条例を定めることで人事権の移譲が可能ということなんですね。しかし、であれば大阪府の3市2町だけではなく、大阪府の他の市町村や他の都道府県の市町村においても人事権を移譲するという話にはならないんですか。」

T「その議論はこの問題を考えるに当たって、もっとも重要な部分だね。言い換えれば、**市町村立小中学校の教職員の人事権を都道府県**

教育委員会が担うべきか、市町村教育委員会が担うべきか、ということだけれども、これを考えるには、市町村立小中学校の教職員が市町村の職員であるにもかかわらず、その人事権は都道府県教育委員会にあるという県費負担教職員制度の考え方を押さえなきゃいけない。」

K「考え方というのは、『教職員の適正配置と人事交流の円滑化により、教育水準の維持向上を図るという県費負担教職員制度の趣旨・目的』のことですね。都道府県教育委員会が広く市町村を越えて県費負担教職員の人事を実施することによって、どんなに小規模な市町村においても、一定水準の教職員を必要数確保することができる。逆に、都道府県教育委員会に人事権がなく、市町村教育委員会が単独で人事を実施する場合、数校しか小中学校がない小規模な町村やへき地である離島でも、市町村教育委員会が単独で教職員を採用しなければならなくなる。また、小規模な町村や離島は地理的に不利な条件であることから、都市部との人事交流により必要な教職員を確保することも難しいし、人事異動は教職員の一番の研修の機会であるから、できるだけ広域性が必要でもある。このようなことを考えると、市町村が単独で一定水準の教職員を必要数確保することの困難さ、すなわち、都道府県単位で広域人事を行う意義がよくわかります。」

T「一方、県費負担教職員制度に対しては、『中核市等の一定規模の市などが、地域の実情に応じた教育の展開、地域に根ざした人材の育成という観点から、指定都市と同様の人事権を早期に移譲することを求めている』ほか、『都道府県に人事権があることにより、教

職員を育成すべき市町村の当事者意識が薄らぐという意見や、人事権を移譲し、市町村で教職員を採用することにより、責任と権限を一致させるべき』といった意見があるんだ（『今後の地方教育行政の在り方について』（平成25年12月13日中央教育審議会答申））。」

K「なるほど、県費負担教職員制度にはそのようなメリット・デメリットがあるわけですね。そうすると、前述の文部科学副大臣の回答は、県費負担教職員制度の課題に対し、**事務処理特例制度を活用する**ことにより、地域の主体的な判断による人事権の移譲は可能としつつも、**『県費負担教職員制度の趣旨・目的が損なわれることのない範囲において』**とすることにより、**市町村において一定水準の教職員を確保する**ことを要請していると理解できるわけですね。」

T「そうだね。今回の大阪府における取組みにおいても、人事権は各市町の教育委員会に移譲されるわけだけれども、小規模な市町においては教職員の採用における支障や人事異動の硬直化を招くおそれがあることから、大阪府豊能地区教職員人事協議会が設置されており、この協議会が３市２町の教職員の採用選考や研修を実施したり、教職員の人事交流も行っているんだ。」

K「まさに県費負担教職員制度の趣旨・目的が損なわれることのないように配慮しているんですね。こうして考えてみると、事務処理特例制度の活用による市町村への人事権移譲を行うかどうかは、**県費負担教職員制度のメリット・デメリットを踏まえつつ、それぞれの地域の実情に応じて判断されるべきもの**だということですね。いやあ、すごく勉強になりました。ところで先輩、このコーナー、一体

なんでしょう…?」

T「なんだよ急に…。COFFEE BREAK と題して、T（高橋）と K（栗山）の会話風の文体で、各講の解説に関する補足や発展的な知識を分かりやすく読者にお届けするってことだろう！ 第2講以降もしっかり頼むぞ。」

K「なるほど。了解しました！」

コラム

文部科学省に伝わる「教育行政の三則」とは?
~筋を通す、論より証拠、簡潔明瞭~

　文部科学省の初等中等教育企画課には、「教育行政の三則」なる格言（？）が掲げられています。

```
教育行政の三則
 一　筋を通す
 一　論より証拠
 一　簡潔明瞭
```

　職員に対して仕事の心構えを説いているものなのですが、不思議なことに一体誰が書いたものなのか、はっきりしません。ただ堂々と掲げられているのです。解釈はそれぞれに任せられているので、筆者なりの解釈を書いてみたいと思います。

①「筋を通す」
　原理原則を大事にして、ぶれずに仕事をするということ。哲学思想や尊敬する先輩の教えなど、人それぞれに仕事に対する原理原則をおもちでしょうが、本書の中心テーマである法令は、教育行政にとって極めて重要な原理原則の一つだと思います。曲げずに、逃げずに正論を述べることができるのは、リーダーシップにおいても非常に重要な資質だと思います。

コラム

② 「論より証拠」
　エビデンス（証拠・根拠）に基づいた判断をするということ。教育の在り方について議論することを好む人は多く、その思想には百論ありますが、必ずしも一つの正解が導き出せるものではありません。しかし教育行政には、論だけではなく、より科学的な根拠による合意形成が必要です。イメージや思い込みを排して、できるだけ正確に事実関係を把握し、問題・課題を分析することが必要であり、証拠としての客観的データを参照しながら、政策を立案することが重要です。

③ 「簡潔明瞭」
　複雑な事柄を簡単に分かりやすく整理できる、思考力、情報編集力のことです。要するに、「一言で伝えるとしたら何なのか」ということ。他の二つに比べて、素朴なルールに思えますが、役人としてこの重要さは身にしみます。
　文部科学省では若手職員にこの能力を身につけさせるために、会議の概要や複雑な制度のポイントを箇条書きで一枚の紙にまとめさせるなどの訓練を行います。

　三つの観点に共通するのは、いずれも関係者へのアカウンタビリティ（説明責任）を果たすために必要な要素であるということです。スマートな仕事をするためには欠かせない要素なのですが、三拍子全て揃えることは難しいですね。筆者も反省しきりです。
　「教育行政の三則」の的を射た指摘は、文部科学省職員に限らず、学校管理職や教育委員会職員の方、さらには民間で働かれている方にも、共感していただけるものではないでしょうか。

第2講
教育委員会や地域との関係・連携

【キーワード】
◎設置者管理主義　◎学校運営協議会（コミュニティ・スクール）
◎地域学校協働本部　◎放課後子供教室　◎学校評議員

問題

問1　近年、学校には自律的・組織的な運営が求められている一方、教育委員会は学校の管理機関とされている。このような中、学校と教育委員会との関係についてどのように捉えるべきか。

問2　学校に地域との連携・協働が求められる中、学校運営協議会制度、地域学校協働本部、放課後子供教室、学校評議員制度といった様々な仕組みが存在している。それぞれどのような仕組みなのか。

問題のポイント

問1
○設置者管理主義（学校教育法第5条）に基づき、設置者である地方公共団体が学校の管理運営に全面的な責任を有する。
○具体的には、地方公共団体の執行機関の一つである教育委員会が、実際に学校の管理に当たる機関として位置付けられている（地方自治法第180条の8、地教行法第21条第1号）。
○学校の管理機関である教育委員会は、学校が自律的・組織的な運営を行えるようにするためのマネジメントやサポートを担う機関でもあると捉えることができる。

問2

○「学校運営協議会制度」は、教育委員会がその所管に属する学校ごとに、当該学校の運営及び運営への必要な支援に関して協議する機関として学校運営協議会を置き、いわゆる「コミュニティ・スクール」とする仕組みである。学校運営協議会は、学校運営に関する意見を述べることができることに加え、校長が作成する学校運営に関する基本的な方針を承認し、当該学校の教職員の人事についても教育委員会が定める事項の範囲内で意見を述べることができる（地教行法第47条の5（平成31年度までは第47条の6。以下同じ。）第1項、第4項、第6項、第7項）。

○「地域学校協働本部」は、従来の学校支援地域本部（地域住民が学校支援活動を推進する体制）等の地域と学校との連携体制を基盤として、より多くの幅広い層の地域住民等が参画し、「地域学校協働活動」を推進する体制である。「地域学校協働活動」は、地域住民等の参画を得て、地域全体で子供たちの学びや成長を支えるとともに、「学校を核とした地域づくり」を目指して地域と学校が相互にパートナーとして連携・協働して行う様々な活動である（社会教育法第5条第2項）。

○「放課後子供教室」は、放課後や週末に小学校の余裕教室等を活用し、地域住民の参画を得て、子供たちに勉強やスポーツ・文化芸術活動、地域住民との交流活動等の機会を提供するものである。

○「学校評議員制度」は、学校に学校評議員を置くことができる仕組みである。学校評議員は、校長の求めに応じて学校運営に関する意見を述べることができる（学校教育法施行規則第49条第1項、第2項）。

問題の背景

本講は、第3講以降で学校における個別の問題を考えていく前に、現在、学校が教育行政の中で、また、地域社会の中でどのような位置に置かれてい

るかを確認するためのものです。学校をとりまく地域社会には様々な関係者が存在します（図1参照）が、ここでは、その中でも**学校と教育委員会（※）、学校と地域住民等との関係**に焦点を当てて考えていきましょう。

　公立学校は教育委員会から独立して存在しているものではなく、また、近年、学校運営において地域住民等の協力の重要性が増しつつあることは学校関係者であれば誰もが知るところと思います。しかし、改めて、法令上の位置付けを中心に、学校と教育委員会、学校と地域住民等との関係を理解しておくことは、**自律的・組織的な学校運営が求められている中、どのように教育委員会や地域住民等との関係を構築し、協力を得ていくかを考える上で、欠かすことのできない基本的な前提となるもの**です。

　また、近年、教育委員会制度改革や学校と地域との連携・協働の在り方をめぐる議論（COFFEE BREAK参照）が進んでいますが、こうした**最新の教育行政、学校の在り方に関する議論について考えていく上でも、現行制度の基本をしっかりと理解しておくことが重要**です。

※本問における教育委員会は、設置者である地方公共団体の教育委員会、すなわち、市町村立の小中学校であれば市町村教育委員会、都道府県立の高等学校であれば都道府県教育委員会のことを指します。

図1　学校をとりまく関係者

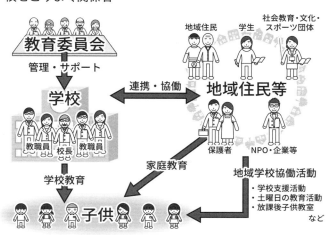

関係法令の基礎知識

詳しい解説に入る前に、必要な関係法令を押さえておきましょう。問1の関連では、学校と教育委員会との法令上の関係を考える上で、①**学校教育法**、②**地方自治法**、③**地教行法（地方教育行政の組織及び運営に関する法律）** が挙げられます。

まず、①学校教育法です。すでに第1講でも紹介しましたが、学校教育法第5条においては、「学校の設置者は、その設置する学校を管理し、法令に特別の定のある場合を除いては、その学校の経費を負担する」とされています。学校の設置者、例えば、A市立の中学校であればA市、B県立の高等学校であればB県のことですが、この設置者が、設置する学校の管理と経費負担を行うべきこと、すなわち設置者管理主義が定められています。

また、管理の具体的な意味としては、

（ア）施設、設備等に関する**物的管理**
（イ）教職員に関する**人的管理**
（ウ）児童生徒に関することなど、物的・人的管理以外の学校運営に関する**運営管理**

の三つが挙げられます（ただし、（イ）に関し、市町村立の小中学校では県費負担教職員制度が導入されていることは第1講で紹介した通りです）。

次に、②地方自治法です。学校については、学校教育法第5条に基づき、設置者である地方公共団体がその管理運営に当たることを確認しましたが、実際に地方公共団体の行政事務を行うのは、地方公共団体の長（知事、市町村長）をはじめとする執行機関であり、教育委員会も、普通地方公共団体に必ず置かなければいけない執行機関の一つとして位置付けられています（地方自治法第180条の5第1項第1号）。

そして、執行機関としての教育委員会の職務権限については、地方自治法第180条の8において、「教育委員会は、…**学校その他の教育機関を管理し、学校の組織編制、教育課程、教科書その他の教材の取扱及び教育職員の身分**

取扱に関する事務を行い、並びに社会教育その他教育、学術及び文化に関する事務を管理し及びこれを執行する」とされています。

最後に、③地教行法です。地教行法は、その第1条にあるように、「…教育委員会の設置、学校その他の教育機関の職員の身分取扱その他地方公共団体における教育行政の組織及び運営の基本を定める」ための法律であり、教育委員会制度の詳細について規定しています。

地教行法第21条においては、第1号から第19号までにわたり、教育委員会の具体的な職務権限が規定されており、とりわけ、第1号においては**「教育委員会の所管に属する…学校その他の教育機関…の設置、管理及び廃止に関すること」**と規定されています。

次に、問2の関連では、学校と地域住民等との法令上の関係を考える上で、①**教育基本法**、②**地教行法**（学校運営協議会制度関係）、③**社会教育法**（地域学校協働活動関係）、④**学校教育法施行規則**（学校評議員制度関係）が挙げられます。

まず、①教育基本法です。教育基本法第13条においては、「学校、家庭及び**地域住民その他の関係者は、教育におけるそれぞれの役割と責任を自覚するとともに、相互の連携及び協力に努める**ものとする」とされており、教育における地域住民等の役割と責任、学校との連携協力の重要性は、わが国の教育の基本的な在り方を定める教育基本法においても確認できるものです。

次に、すでに紹介した②地教行法です。地教行法第47条の5は、学校運営協議会制度について規定していますが、詳細は「解説」に譲ります。

次に、③社会教育法です。社会教育法第5条は、平成29年に改正され、地域学校協働活動について規定することとなりましたが、これも詳細は「解説」に譲ります。

最後に、④学校教育法施行規則です。学校教育法施行規則は、学校教育法の委任に基づく文部科学省令です。学校教育法施行規則第49条は、学校評議員制度について規定していますが、同じく詳細は「解説」で紹介します。

解説

問1　学校と教育委員会との関係

　それでは、学校と教育委員会との関係について、法令上の位置付けを中心にみていきましょう。法令の規定に基づき、設置者である地方公共団体が学校の管理運営に全面的な責任を有していること、教育委員会が実際に学校の管理に当たる機関として位置付けられていること、管理の具体的意味としては、物的管理、人的管理、運営管理の三つが挙げられることは、「問題のポイント」と「関係法令の基礎知識」ですでに紹介している通りです。

　これをまとめれば、設置者である地方公共団体が有する包括的な管理権に基づき、学校を所管する教育委員会が、学校の物的管理・人的管理・運営管理を行うということであり、教育委員会と学校との法令上の基本的関係は、**管理機関と被管理機関という関係、すなわち、上下の関係であり、教育委員会は、その処理すべき事務について、各学校の校長を指示し、監督することができます**。校長が教員の上司であるのと同様、教育委員会は校長の上司であるわけです。

　このように、学校と教育委員会との関係は、法令上、上下関係であるため、ともすると「近年、学校には自律的・組織的な運営が求められている」ことと、相反するように感じられるかもしれません。

　しかしながら、教育委員会が学校の管理機関である、上司であるということは、言い換えれば、**教育委員会には、学校の上司として各学校の適切な運営を実現する責務がある**ということ、あるいは、学校という教育活動を行う行政機関において、児童生徒、保護者、地域住民といった地方公共団体の住民が満足するサービスが提供されるようにする責務があるということです。

　そして、各学校の適切な運営というものは、画一的なものではなく、**それぞれの学校が、児童生徒や地域の実情に応じ、様々な創意工夫に溢れた教育活動、それを支える巧みなマネジメントを実施することにより初めて実現されるもの**です。

そのためには、各学校において校長のトップマネジメントの下で自律的・組織的な運営が行われる必要があり、結局、教育委員会がその責務を果たすためには、所管の各学校の自律的・組織的な運営が可能となるようサポートすることが求められます。

　このように考えると、**法令上、教育委員会が学校の上司であるということは、学校の自律的・組織的な運営と何ら相反するものでありません。教育委員会は、その部下である校長による適切な学校運営を実現するためのマネジメント**を担っているのです。

問2　学校と地域住民等が連携・協働する仕組み

　次に、学校と地域住民等との連携・協働を促す仕組み、具体的には、学校運営協議会制度、地域学校協働本部、放課後子供教室、学校評議員制度についてみていきましょう。

（1）学校運営協議会制度

　学校運営協議会は、**校長と地域住民、保護者等が共同して学校づくりを行う**とともに、より透明で開かれた学校運営を進め、地域に信頼される学校づくりを実現する観点から、**地域住民や保護者等が一定の権限をもって学校運営に参画する合議制の機関**として、平成16年に地教行法に位置付けられました。

　（3）において後述する学校評議員制度との違いが気になるところですが、学校評議員は、**校長の求めに応じて学校運営に関する意見を個人として述べる**ものであるのに対し、学校運営協議会は、**地域住民や保護者等が一定の権限をもって学校運営に参画する合議制の機関**であるという点において、制度上、大きく異なるものとなっています。

　制度創設から10年以上が経過し、全国的に学校運営協議会の設置が進む一方、制度面で改善すべき課題等も明らかとなってきたことから、これに対応すべく平成29年に地教行法が改正されていますので、この改正内容も含め、具体的な仕組みを地教行法の規定に沿ってみていきましょう。

まず、地教行法第47条の5第1項において、「**教育委員会は、…その所管に属する学校ごとに、当該学校の運営及び当該運営への必要な支援に関して協議する機関として、学校運営協議会を置くように努めなければならない**」とされ、同条第2項各号においては、学校運営協議会の委員は、①学校運営協議会がその運営等に関して協議する学校（以下「対象学校」という）の所在する地域の住民、②対象学校に在籍する生徒、児童又は幼児の保護者、③地域学校協働活動推進員（（2）参照）その他の対象学校の運営に資する活動を行う者、④その他教育委員会が必要と認める者、について教育委員会が任命することとされています。

> ○地方教育行政の組織及び運営に関する法律
> **第47条の5（平成31年度までは第47条の6。以下同じ。）** 教育委員会は、教育委員会規則で定めるところにより、その所管に属する学校ごとに、当該学校の運営及び当該運営への必要な支援に関して協議する機関として、学校運営協議会を置くように努めなければならない。ただし、2以上の学校の運営に関し相互に密接な連携を図る必要がある場合として文部科学省令で定める場合には、2以上の学校について1の学校運営協議会を置くことができる。
> 2 学校運営協議会の委員は、次に掲げる者について、教育委員会が任命する。
> 　一 対象学校（当該学校運営協議会が、その運営及び当該運営への必要な支援に関して協議する学校をいう。以下この条において同じ。）の所在する地域の住民
> 　二 対象学校に在籍する生徒、児童又は幼児の保護者
> 　三 社会教育法（昭和24年法律第207号）第9条の7第1項に規定する地域学校協働活動推進員その他の対象学校の運営に資する活動を行う者
> 　四 その他当該教育委員会が必要と認める者
> 3〜10（略）

学校運営協議会は、「学校の運営及び当該運営への必要な支援」に関して協議する機関ですが、「運営への必要な支援」の部分は平成29年改正により

追加されました。改正前より学校支援活動もその機能とする学校運営協議会は多くありましたが、昨今、学校が抱える多様な課題の解決を図り、子供の教育活動等を充実させる上で地域住民や保護者等による学校支援が不可欠となってきている状況を踏まえ、学校運営協議会の役割として法律上位置付けたものです。

　また、学校運営協議会を置くかどうかは教育委員会が任意に判断するものでしたが、平成29年改正により同条第１項において「置くように努めなければならない」とされ、設置が努力義務となりました。学校運営協議会制度の導入により、学校と地域との連携・協働体制が組織的・継続的に確立されること等から、全ての公立学校において学校運営協議会制度が導入されるべきとの考え方がある一方、引き続き、学校や地域の実情を踏まえた柔軟な在り方も必要であることから、必置ではなく、努力義務とされました。

　さらに、学校運営協議会の委員には、地域住民や保護者のほか、協議の結果を踏まえた学校支援活動が円滑に実施されるよう、平成29年改正により委員として新たに「学校の運営に資する活動を行う者」を任命することとされました。具体例としては、地域学校協働活動推進員をはじめ、学校と地域住民や保護者等との間をつなぐコーディネーター、学校支援活動を行う自治会やPTAの取りまとめ役、学校支援活動を行うボランティア活動の経験者等が想定されます。加えて、**平成29年改正により、対象学校の校長が自校の運営状況やその課題を踏まえ、どのような人物が委員にふさわしいかについて意思表示をすることができるようにするため、同条第３項において、「対象学校の校長は、…委員の任命に関する意見を教育委員会に申し出ることができる」こととされました。**

○地方教育行政の組織及び運営に関する法律
第47条の５　（略）
　２　（略）

> 3　対象学校の校長は、前項の委員の任命に関する意見を教育委員会に申し出ることができる。
>
> 4〜10（略）

　次に、同条第4項から第8項までには、学校運営協議会が実際に学校運営にどのように参画するのかが規定されています。その具体的内容は、以下の通りです。

> ○地方教育行政の組織及び運営に関する法律
>
> **第47条の5**　（略）
>
> 2・3（略）
>
> 4　対象学校の校長は、当該対象学校の運営に関して、教育課程の編成その他教育委員会規則で定める事項について基本的な方針を作成し、当該対象学校の学校運営協議会の承認を得なければならない。
>
> 5　学校運営協議会は、前項に規定する基本的な方針に基づく対象学校の運営及び当該運営への必要な支援に関し、対象学校の所在する地域の住民、対象学校に在籍する生徒、児童又は幼児の保護者その他の関係者の理解を深めるとともに、対象学校とこれらの者との連携及び協力の推進に資するため、対象学校の運営及び当該運営への必要な支援に関する協議の結果に関する情報を積極的に提供するよう努めるものとする。
>
> 6　学校運営協議会は、対象学校の運営に関する事項（次項に規定する事項を除く。）について、教育委員会又は校長に対して、意見を述べることができる。
>
> 7　学校運営協議会は、対象学校の職員の採用その他の任用に関して教育委員会規則で定める事項について、当該職員の任命権者に対して意見を述べることができる。この場合において、当該職員が県費負担教職員（第55条第1項又は第61条第1項の規定により市町村委員会がその任用に関する事務を行う職員を除く。）であるときは、市町村委員会を経由するものとする。
>
> 8　対象学校の職員の任命権者は、当該職員の任用に当たつては、前項の規定に

> より述べられた意見を尊重するものとする。
>
> 9・10（略）

　制度創設当初から、学校運営協議会は、**学校運営に関する意見を述べる（同条第6項）**ことができるとともに、校長が作成する教育課程の編成などに関する**基本的な方針を承認する権限**を与えられています（同条第4項）。

　また、第7項及び第8項においては、**学校運営協議会が学校の教職員人事について意見を述べることができ、任命権者**（都道府県・指定都市教育委員会）**はその意見を尊重するものとする**とされています。「尊重するものとする」ということの法的意味は、学校運営協議会の意見は**任命権者を拘束するものではなく、任命権者は最終的には自らの権限と責任において任命権を行使する**ということではあるものの、合理的な理由がない限り、その内容を実現するよう努める必要があるということでもあります。教職員の人事は任命権者の専権事項であることに鑑みれば、教職員の人事について意見を述べることができるということは、**任命権者や校長にとって大変重みのある権限で**

図2　学校運営協議会制度のイメージ

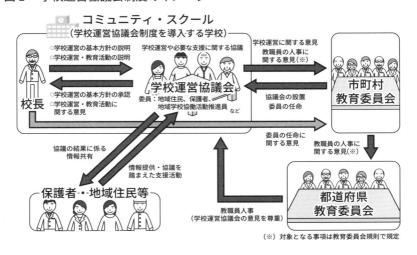

あるといえます。一方、そのような意見が学校運営の混乱につながる場合があるとの指摘があり、教育委員会が学校運営協議会を置くことを躊躇する理由ともなっていることも踏まえ、**平成29年改正により、意見の対象となる事項を教育委員会の判断に委ねることとしました。**

さらに、平成29年改正により追加された同条第5項では、学校運営協議会がその協議の結果に関する情報を提供するよう努めることとされました。

以上、学校運営協議会制度の概要をみてきましたが、学校運営協議会が置かれる学校のことを「**コミュニティ・スクール**」と呼びます。平成29年4月時点で、**11道県367市区町村の教育委員会**が、**3,600校**（昨年度比794校増）をコミュニティ・スクールとしており、年々増加しています。コミュニティ・スクールは、地域に開かれた学校より一歩進んだ、いわば「地域とともに運営する学校」として、存在感を増し続けている一方で、個々の学校運営協議会が有効に機能するかどうかは、学校と地域住民や保護者等による運用にかかっているともいえるでしょう。

（2）地域学校協働本部、放課後子供教室

地域学校協働本部、放課後子供教室は、学校運営協議会制度や学校評議員制度とは異なり、法令に基づく仕組みではありません。

しかし、法令に基づく仕組みではないということは、両者の政策的な重要性が低いことを意味するものではなく、両者は地域との連携・協働の仕組みとしてすでに効果をあげ、あるいは今後効果をあげていくことが強く期待されている重要な施策です。以下、それぞれの概要を紹介します。

地域学校協働本部は、「問題のポイント」で紹介したように、端的にいえば、**従来の学校支援地域本部（※）を基盤として、より多くの幅広い層の地域住民等が参画し、「地域学校協働活動」を推進する体制**ということになるわけですが、これは、平成27年12月の中央教育審議会答申「新しい時代の教育や地方創生の実現に向けた学校と地域の連携・協働の在り方と今後の推進方策について」（以下「地域連携協働答申」という）において新たに提言さ

れたものです。

※地域住民がボランティアとして授業等の学習補助、部活動の指導補助、学校行事の支援、学校環境整備、登下校時の見守り等学校支援活動を推進する体制。

　地域学校協働本部が提言された背景等については、COFFEE BREAK で紹介したいと思いますが、その整備に当たっては、地域による学校の「支援」から地域と学校双方向の「連携・協働」へ、「個別」の活動から「総合化・ネットワーク化」へと発展させることを前提とした上で、①コーディネート機能、②多様な活動、③継続的な活動、の3要素を必須とします。つまり、**地域学校協働本部は学校支援地域本部の発展型として、より強力なコーディネート機能を有し、より多くの地域住民等がより多様な活動を実施し、より継続的・安定的な活動を行う体制**ということになるわけです。

　地域学校協働活動についても、「問題のポイント」で紹介したところですが、平成29年に社会教育法が改正され、第5条第2項において「前項第十三号から第十五号までに規定する活動（※）であつて地域住民その他の関係者…が学校と協働して行うもの」として定義されています。

※第13号は放課後子供教室、第14号は体験活動、第15号は学習支援活動などの典型的な地域学校協働本部における活動を想定しています。

　地域学校協働活動と従前の学校支援地域本部等における学校支援の取組みとの違いは、一方向の「支援」から双方向の「連携・協働」へと発展させるのみならず、地域の将来を担う人材の育成を図り、地域住民のつながりを深めることにより「学校を核とした地域づくり」をも射程に入れることであります。このため、具体的な活動としても、**地域住民による種々の学校支援活動はもちろん、例えば、学びによるまちづくり、地域課題解決型学習、郷土学習、地域の行事やボランティア活動への参画などの多様な活動が含まれる**ことになります。

　また、地域学校協働活動の推進においては、地域住民等や学校関係者との連絡調整、地域学校協働活動の企画・調整等を担うコーディネーターの役割が非常に重要となります。平成29年の社会教育法改正においては、第9条の

7を新設し、**教育委員会の施策に協力して、地域と学校との情報共有や地域住民等への助言等を行い、コーディネーターの役割を担う地域学校協働活動推進員を創設しました**。地域学校協働活動推進員は、従来の学校支援地域本部のコーディネーターのほか、地域と学校との連携・協働に関わる活動に地域ボランティアとして参画している人、ＰＴＡ関係者・活動経験者、退職した校長や教職員等が務めることが考えられます。

○社会教育法

（市町村の教育委員会の事務）

第５条　市（特別区を含む。以下同じ。）町村の教育委員会は、社会教育に関し、当該地方の必要に応じ、予算の範囲内において、次の事務を行う。

一～十二　（略）

十三　主として学齢児童及び学齢生徒（それぞれ学校教育法第18条に規定する学齢児童及び学齢生徒をいう。）に対し、学校の授業の終了後又は休業日において学校、社会教育施設その他適切な施設を利用して行う学習その他の活動の機会を提供する事業の実施並びにその奨励に関すること。

十四　青少年に対しボランティア活動など社会奉仕体験活動、自然体験活動その他の体験活動の機会を提供する事業の実施及びその奨励に関すること。

十五　社会教育における学習の機会を利用して行つた学習の成果を活用して学校、社会教育施設その他地域において行う教育活動その他の活動の機会を提供する事業の実施及びその奨励に関すること。

十六～十九　（略）

2　市町村の教育委員会は、前項第十三号から第十五号までに規定する活動であつて地域住民その他の関係者（以下この項及び第９条の７第２項において「地域住民等」という。）が学校と協働して行うもの（以下「地域学校協働活動」という。）の機会を提供する事業を実施するに当たつては、地域住民等の積極的な参加を得て当該地域学校協働活動が学校との適切な連携の下に円滑かつ効果的に実施されるよう、地域住民等と学校との連携協力体制の整備、地域学校

協働活動に関する普及啓発その他の必要な措置を講ずるものとする。
（地域学校協働活動推進員）
第9条の7　教育委員会は、地域学校協働活動の円滑かつ効果的な実施を図るため、社会的信望があり、かつ、地域学校協働活動の推進に熱意と識見を有する者のうちから、地域学校協働活動推進員を委嘱することができる。
2　地域学校協働活動推進員は、地域学校協働活動に関する事項につき、教育委員会の施策に協力して、地域住民等と学校との間の情報の共有を図るとともに、地域学校協働活動を行う地域住民等に対する助言その他の援助を行う。

　さらに、地域学校協働本部は、学校運営協議会と効果的に連携することが重要です。（1）で紹介したように、平成29年の地教行法改正により、学校運営協議会については、学校運営のみならず学校運営への必要な支援についても協議することとなったほか、地域学校協働活動推進員等の学校運営に資

図3　地域学校協働本部のイメージ

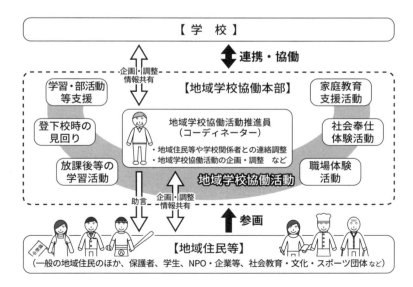

する活動を行う者を委員とするなどの制度改正が行われており、従来以上に地域学校協働本部の役割との親和性が高くなっています。地域学校協働本部と学校運営協議会の双方が車の両輪として相乗効果を発揮しながら機能し、地域住民等の意見を学校に反映させながら、幅広い地域住民の参画により、子供の成長を支える活動を充実させることが求められます。

　なお、地域学校協働本部は地域連携協働答申で提言された新しい仕組みであることから、馴染み深くない側面もあるかと思いますので、今後、地域学校協働本部の構築に当たっては、地域連携協働答申に加え、文部科学省作成の「地域学校協働活動の推進に向けたガイドライン」も参照してみてください。

　放課後子供教室は、すでに文部科学省による補助事業が開始されてから10年以上が経過している仕組みですが、**小学校の余裕教室や図書館・体育館、公民館などを活用し、地域住民の参画を得て、子供に放課後や週末の安全・安心な活動拠点（居場所）を設け、勉強やスポーツ・文化芸術活動、地域住民との交流活動等の機会を提供するもの**であり、社会教育法第5条第13号の事務として、地域学校協働活動の一つとしても位置付けられるものです。地域住民は、子供の学習のサポートをするための学習アドバイザーや、子供の安全管理を図る安全管理員などとして活躍します。

　活動内容や運営方法などを検討するため、市町村教育委員会を含む行政、学校、社会教育、ＰＴＡ関係者などで構成される運営委員会が置かれるとともに、学校や関係機関との連絡調整、活動プログラムの作成、地域住民への呼びかけなどを行う総合的な調整役であるコーディネーターが中心となって活動が行われます。

　地域学校協働本部や放課後子供教室は、このように、地域住民の力を借りて学校運営の支援や子供の居場所づくりを行う仕組みであり、平成29年度において、**地域学校協働本部は5,168の本部（7,166小学校、3,469中学校）が716市町村**に置かれ、**放課後子供教室は17,615箇所、1,098市町村**において実施されており、今後、地域学校協働本部における地域学校協働活動は、一層

大きな役割を果たしていくものと思われます。

(3) 学校評議員制度

学校評議員は、地域に開かれた学校づくりを推進するため、**学校が保護者や地域住民等の意向を把握・反映し、その協力を得るとともに、学校運営の状況を周知するなど学校としての説明責任を果たす**観点から、校長が学校運営に関し幅広く意見を集め、必要に応じて助言を求めるために、学校運営協議会制度よりも先行して、**平成12年に学校教育法施行規則に位置付けられました**。具体的な仕組みを条文に沿ってみていきましょう。

まず、学校教育法施行規則第49条第１項において、「…学校には、設置者の定めるところにより、**学校評議員を置くことができる**」とされています。「学校」とは、この場合、公立に限らず、国公私立の幼稚園、小学校、中学校、義務教育学校、高等学校、中等教育学校、特別支援学校のことです。そ

図４　学校評議員制度のイメージ

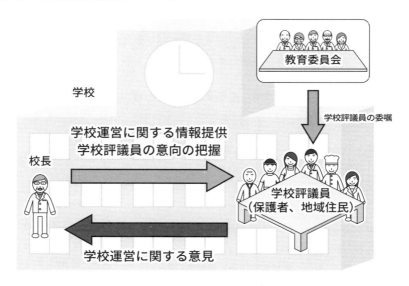

して、「設置者」とは、繰り返しになりますが、A市立の中学校であればA市、B県立の高等学校であればB県のことで、このような設置者が、学校評議員の人数や委嘱期間など具体的な在り方を定めることになります。また、「置くことができる」とあるように、学校評議員は必ず置かなければならないものではなく、任意に置かれるものです。

次に、同条第2項において、「**学校評議員は、校長の求めに応じ、学校運営に関し意見を述べることができる**」とされています。これは、校長が必要と認める場合に学校評議員に意見を求めることができるということ、すなわち、**校長は、学校評議員の意見を参考としながら、あくまで自らの権限と責任において学校運営に関する判断・決定をする**ということであり、**学校評議員の意見は法的に校長を拘束するものではありません。**

最後に、同条第3項において、「学校評議員は、当該…学校の職員以外の者で教育に関する理解及び識見を有するもののうちから、校長の推薦により、当該…学校の設置者が委嘱する」とされています。「教育に関する理解及び識見を有するもの」とは、**具体的には保護者や地域住民を想定しており**、責任ある判断に基づき意見を述べる観点から児童生徒、学校外からの意見を述べる観点から教育委員会の委員や教育長は想定していません。

以上、学校評議員制度を概観しましたが、公立学校では平成27年3月時点

表　学校と地域住民とが連携・協働する仕組みの根拠法令と設置数

	根拠法令	設置数
学校運営協議会	地教行法第47条の5	3,600校 (平成29年4月現在)
地域学校協働本部	―	5,168本部 (7,166小学校、3,469中学校、716市町村) (平成29年度)
放課後子供教室	―	17,615箇所　(1,098市町村) (平成29年度)
学校評議員	学校教育法施行規則第49条	28,731校　(全体の75.4％) (平成27年3月現在)

で28,731校（75.4%）が学校評議員を置いていた（文部科学省調査）ところ、この制度については、「保護者・地域の意見を十分に反映できない」「形骸化している」といった指摘に加え、その機能を概ね包含する学校運営協議会が置かれていれば学校評議員は併置する必要はないとの指摘も多くなっており、国の政策的方向性としても「**学校支援等の取組や学校評議員、類似の仕組みを基盤とし、段階的にコミュニティ・スクールに発展していくことで、組織的・継続的な体制が構築**（地域連携協働答申）」されることを目指しています。学校評議員制度は、地域住民の学校運営への参画を進める上で大きな役割を果たしてきましたが、今後、いわば発展型である学校運営協議会制度にその役割を譲ることが多くなると思われます。

学校と地域との連携・協働の深化

K「第2講で紹介した学校と地域住民とが連携・協働する仕組みについて改めて振り返ってみると、学校評議員制度の創設が平成12年、学校運営協議会制度の創設や放課後子供教室の前身的取組みに関する文部科学省の予算事業開始が平成16年、学校支援地域本部に関する文部科学省の予算事業開始が平成20年、『学校、家庭及び地域住民等の相互の連携協力』の規定が設けられた教育基本法の改正も平成18年に行われていて、国による学校と地域との連携・協働に関する施策の充実は、平成27年の地域連携協働答申や平成29年の地教行法・社会教育法改正よりも前から十数年にわたって行われてきていることがよくわかりますね。」

T「そうだね。公立学校はもとより地域社会を基盤として存在しているのだけれども、とりわけ近年、地域や家庭の教育力が低下し学校に期待される役割が大きくなる中、学校に地域や家庭の教育力を取り込んで、一体となって教育活動を展開する取組みが注目を集めている。言い換えれば、学校を支える存在としての地域の重要性がどんどん大きくなっているんだ。」

K「なるほど。例えば学校支援地域本部であれば、地域や家庭の教育力が低下することにより増大した学校の仕事を、全て教員が受け止めるのでは負担が増加する一方になるので、地域住民や保護者に学校支援ボランティアとして学校を支援してもらい、さらに子供や教

員が地域住民との交流も図る仕組みと捉えれば分かりやすいですね。子供を学校、地域、家庭で育てるに当たって、それぞれが独立して教育に当たるのではなくて、**学校という場を活用して、教員、地域住民、保護者が一緒になって子供を育てるというやり方もある**ということですね。」

T「うん、こうした学校に地域住民が関わっていくという方向性の取組みはこの十数年で大きく前進してきたといえると思う。そして、第2講でも言及したように、最近は、**地域による学校の『支援』から地域と学校双方向の『連携・協働』へと取組みを発展させ、両者の関係性を深化させることが課題**となっているんだ。」

K「第2講でも引用した、平成27年の地域連携協働答申における議論ですね。」

T「よく勉強してるね。この答申では、まず、学校と地域との連携・協働の必要性として、少子高齢化・グローバル化の進行や地域社会の教育力の低下などの社会の動向や、学校が抱える課題の複雑化・困難化等の子供の教育環境をとりまく状況などを踏まえれば、これからの厳しい時代を生き抜く力の育成、地域から信頼される学校づくり、地域における社会的な教育基盤の構築などが必要であり、そのためには、『学校と地域は、お互いの役割を認識しつつ、共有した目標に向かって、対等な立場の下で共に活動する協働関係を築くことが重要であり、パートナーとして相互に連携・協働していくことを通じて、社会総掛かりでの教育の実現を図っていくことが必要』としているんだ。」

K「うーん、少し難しいですが、現在のような複雑・困難な時代にあっては、地域住民が学校を支援すればそれで全て解決するというわけではなくて、学校と地域とがそれぞれに果たすべき役割を相互補完的に連携・協働して果たすということでしょうか。確かに理念的な議論としてはよく分かるのですが、いまひとつ掴み切れません。とりわけ、地域のために学校が果たす役割というのはどういったものなのでしょうか。」

T「それじゃあ、これからの学校と地域との連携・協働の在り方の姿をみていこう。キーワードは、①「地域とともにある学校」への転換、②「子供も大人も学び合い育ち合う教育体制」の構築、③「学校を核とした地域づくり」の推進、の三つだ。」

K「①は知っています。これからの公立学校は、『開かれた学校』からさらに踏み出し、**地域でどのような子供たちを育てるのか、何を実現していくのかという目標やビジョンを地域住民等と共有し、地域と一体となって子供たちを育む『地域とともにある学校』へと転換していくことを目指す必要がある**ということですよね。答申では、『学校運営に地域住民や保護者等が参画することを通じて、学校・家庭・地域の関係者が目標や課題を共有し、学校の教育方針の決定や教育活動の実践に、地域のニーズを的確かつ機動的に反映させるとともに、地域ならではの創意や工夫を生かした特色ある学校づくりを進めていくことが求められる』とされていて、**学校運営協議会制度はまさにこうしたことを実現するための仕組み**ですよね。しかし、②はちょっとイメージがしにくいです。」

T「②については、答申では『子供の育ちを軸に据えながら、地域社会にある様々な機関や団体等がつながり、住民自らが学習し、地域における教育の当事者としての意識・行動を喚起していくことで、大人同士の絆(きずな)が深まり、学びも一層深まっていく。地域における学校との協働活動に参画する住民一人一人が学び合う場を持って、子供の教育や地域の課題解決に関して共に学び続けていくことは、生涯学習社会の実現のためにも重要』と述べている。**子供との関わりの中で、大人も共に学び合い育ち合うということなんだけど**、例えば、子供たちと地域住民が協働して、地域の資源を理解し、その魅力を伝えたり、地域活性化のための方策を考え、実行する学習活動である『学びによるまちづくり』、具体的には、子供と地域住民等との協働による地域ブランド産品づくり、地域の観光振興、地域防災マップの作成等が挙げられるんじゃないかな。このような活動が**継続的に行われる体制の中で、大人が子供たちの視点から学んだり、大人同士が分野を超えて連携・協働することができる**。」

K「なるほど、イメージが掴めてきました。③は、**過疎化する地域が多い中にあっても、学校が全国津々浦々に存在する、地域社会において子供や教職員が日々活動するアクティブな拠点であること**を踏まえれば、理解できる感覚があります。答申では、『**学校という場を核とした連携・協働の取組を通じて、子供たちに地域への愛着や誇りを育み、地域の将来を担う人材の育成を図るとともに、地域住民のつながりを深め、自立した地域社会の基盤の構築・活性化を図る**』とされていますよね。地域側にとっては、『地域住民が学校を核とした連携・協働の取組に参画することは、高齢者も含めた住民一人一人の活躍の場を創出し、まちに活力を生み出す』ことに加

え、『地域と学校が協働し、安心して子供たちを育てられる環境を整備することは、その地域自身の魅力となり、地域に若い世代を呼び込』むことにもつながるというわけですね。」

T「そういうこと。②は子供と大人、③は地域に着目して学校と地域との連携・協働の在り方を整理したものだから、切り口は異なるけれども、活動の具体的なイメージは、『学びによるまちづくり』をはじめとして共通するものが多い。そして、こうした連携・協働の姿を具現化していくためには、学校と地域の双方で組織的・継続的な仕組みを構築していく必要があるね。」

K「なるほど、それが第2講で紹介した、学校運営協議会制度はもちろん、地域学校協働本部や地域学校協働活動推進員といった仕組みなんですね。地域が学校・子供たちを応援・支援するという関係だけではなく、子供の育ちを軸として、双方がパートナーとして連携・協働するということのイメージがはっきりしてきました。地域住民等が様々な観点から学校・子供に関わることを前向きに捉えつつ、多様な主体が学校運営に関係することで複雑化する学校マネジメントをしっかり機能させ、教育委員会がしっかり学校をサポートしていく必要があるということも、第2講の内容からいえることですね。」

T「まさにそうだね。これらの議論からは、もとより密接な関係にある学校と地域とが近年その関係をさらに深めてきた経緯と、今後、双方の未来のためにその関係を一層深化させる必要があることがよく分かったね。しかし、Kは早速筋がよくなってきたね。」

K「そうですか。じゃあ、飲みに連れて行ってください!」

T「まったく、そういうところは筋がよくないなあ…。まあしかし、やむなく行くとしますか!」

コラム

教育委員会制度、何が変わった？

　そもそも「教育委員会」という制度をとっている目的とは何でしょう。端的にいえば「教育の継続性、中立性、安定性の確保のため」となりますが、いまひとつピンとこないかもしれません。保護者・住民の代表者が教育行政のガバナンスに参画し、専門性の高い教師たちに一定の調整を加えるのが教育委員会の仕組みであり、その趣旨は「レイマン・コントロール（素人統制）」といわれます。

　アメリカ発祥の制度で、戦後にわが国に導入されましたが、これまでも何度か法改正され、日本型の制度に修正されてきました。近年では、大津市のいじめ自殺事件など、重大かつ緊急の事態が生じたにもかかわらず、教育委員会による迅速で責任ある対応が必ずしもなされなかったことを契機として、中央教育審議会や教育再生実行会議などで議論がなされ、平成26年の地教行法の改正へとつながりました。平成26年改正の趣旨は、ⅰ）教育行政の責任体制の明確化、ⅱ）迅速な危機管理体制の構築、ⅲ）地域の民意を代表する首長との連携の強化などです。主な改正内容は、①新「教育長」の設置、②総合教育会議の設置ですので、ここではその点に絞って解説します。

　これまで教育委員長と教育長のどちらが責任者か分かりにくいという指摘があったことから、教育行政の責任体制を明確化し、重大な事案にも迅速に対応できる体制とするべく、教育委員長と教育長を一本化した、①新「教育長」が設置されることとなりました。従来の制度とどのような点が変更されたのか、以下の表にまとめましたので参照してください。

表 新旧教育委員会制度の比較

「教育長」	従来の制度	新制度
任命	首長は教育委員を任命。教育委員の中から教育委員会が教育長を任命。	首長が教育長を直接任命。 →首長が直接教育長を任命することにより、任命責任が明確化。 (地教行法第4条第1項)
任期	4年	3年 →教育長に権限が集中することを踏まえ短縮。 (地教行法第5条第1項)
委員長と教育長の関係	教育委員の中から委員長が選ばれる。委員長が会議を主催するが、別に教育委員会事務局の長である教育長が存在。	委員長は廃止。教育長が教育委員会の会務を総理し、教育委員会を代表する。 →委員長と教育長が一本化。教育委員会の責任者が明確に。 (地教行法第13条第1項)
身分	教育長と教育委員を兼ねる。 (一般職と特別職の両方の身分を有する)	教育委員会の一員だが、教育委員とは異なる。(常勤の特別職となる) (地教行法第4条第1項、第11条第4項、地公法第3条第3項第1号)

　また、予算の編成権や条例案の提出権をもっている首長との連携を強化するとともに、より地域住民の民意を反映させるために、②総合教育会議という首長と教育長、教育委員が一堂に会する会議が設置されることになりました（地教行法第1条の4）。

　総合教育会議において首長と教育委員会が教育の目標や教育政策の根本的な方針（大綱）を共有して、一致して執行に当たることになっています。首長は予算編成権だけではなく、大学や私学、保育などの行政にかかる権限をもっているので、総合教育会議での意見交換によってこれまで以上に一貫した教育行政の推進が期待されます。

コラム

○地方教育行政の組織及び運営に関する法律

第1条の4　地方公共団体の長は、大綱の策定に関する協議及び次に掲げる事項についての協議並びにこれらに関する次項各号に掲げる構成員の事務の調整を行うため、総合教育会議を設けるものとする。

一　教育を行うための諸条件の整備その他の地域の実情に応じた教育、学術及び文化の振興を図るため重点的に講ずべき施策

二　児童、生徒等の生命又は身体に現に被害が生じ、又はまさに被害が生ずるおそれがあると見込まれる場合等の緊急の場合に講ずべき措置

2　総合教育会議は、次に掲げる者をもつて構成する。

一　地方公共団体の長

二　教育委員会

3　総合教育会議は、地方公共団体の長が招集する。

4　教育委員会は、その権限に属する事務に関して協議する必要があると思料するときは、地方公共団体の長に対し、協議すべき具体的事項を示して、総合教育会議の招集を求めることができる。

5　総合教育会議は、第1項の協議を行うに当たつて必要があると認めるときは、関係者又は学識経験を有する者から、当該協議すべき事項に関して意見を聴くことができる。

6　総合教育会議は、公開する。ただし、個人の秘密を保つため必要があると認めるとき、又は会議の公正が害されるおそれがあると認めるときその他公益上必要があると認めるときは、この限りでない。

7　地方公共団体の長は、総合教育会議の終了後、遅滞なく、総合教育会議の定めるところにより、その議事録を作成し、これを公表するよう努めなければならない。

8　総合教育会議においてその構成員の事務の調整が行われた事項については、当該構成員は、その調整の結果を尊重しなければならない。

9　前各項に定めるもののほか、総合教育会議の運営に関し必要な事項は、総合教育会議が定める。

第4条　教育長は、当該地方公共団体の長の被選挙権を有する者で、人格が高潔で、教育行政に関し識見を有するもののうちから、地方公共団体の長が、議会の同意を得て、任命する。

2～5（略）

第5条　教育長の任期は3年とし、委員の任期は4年とする。ただし、補欠の教育長又は委員の任期は、前任者の残任期間とする。

2（略）

第11条（略）

2・3（略）

4　教育長は、常勤とする。

5～8（略）

第13条　教育長は、教育委員会の会務を総理し、教育委員会を代表する。

2（略）

○**地方公務員法**

第3条（略）

2（略）

3　特別職は、次に掲げる職とする。

一　就任について公選又は地方公共団体の議会の選挙、議決若しくは同意によることを必要とする職

二～六（略）

　平成26年改正を総括すると、教育行政における教育長のリーダーシップが高まり、責任の明確化が図られる一方で、教育長と委員により構成される教育委員会で意思決定を行う仕組みは維持することによって、レイマン・コントロールの趣旨の確保を両立させたということができます。また、首長と教育委員会

コラム

がより近い関係になったことで、予算や条例等を伴う意思決定が適切に行われることになり得るのはメリットであると思われます。

では、学校現場にどのような影響があるのでしょうか。平成26年改正には教育委員会と学校との関係に変更を加える内容はなかったため、直ちに影響があるようには感じられませんが、教育長への権限集中や総合教育会議の存在は、教育委員会の意思決定に今後じわじわと影響を及ぼしてくると思われ、これを検証する研究等が待たれます。

平成26年改正では教育長等の権限が強まった分、教育委員会制度の原点に立ち戻ってレイマン・コントロールの趣旨を活かすためには、教育委員によるチェック機能や、学校現場と教育委員会との密接なコミュニケーションがより重要になってくると思われます。教育委員会には、学校現場と住民との架け橋（Bridge）となるとともに、学校への過大な要求等へのクッション役（Buffer）となる二つの「B」が一層求められます。

図　新教育委員会制度のイメージ

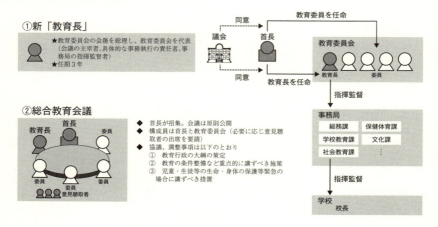

第3講

ＰＴＡが主催して学校や教員とともに行う補習授業

【キーワード】
◎学校教育活動（教員の本務）と社会教育活動（教員の職務外活動）
◎施設の使用許可　◎教員の兼職・兼業の許可

問題

　ＰＴＡが放課後16時～19時まで学校内で補習授業を行いたいと要望してきた。その際、当該学校の教員に補習授業の講師になってもらい、ＰＴＡから報酬を支払いたいとのことである。
　校長は、この要望に対して、どのように対応すべきか。

問題のポイント

○ＰＴＡの主催による補習授業は学校教育活動（教員の本務）ではなく、ＰＴＡによる社会教育活動（教員の職務外活動）である。したがって、校長は教員に補習授業の講師になるよう促すことはできても、職務として命ずることはできない。
○教員が報酬を受ける場合には、教育委員会による兼業の許可が必要。
○補習授業の内容や実施方法が、本来の学校教育活動として行われるべきと考えられるもの、例えば、①教育課程の一部として実施していると見なさざるを得ないもの、②自校の生徒が必ず参加しなければならないような運用が行われているもの、③教員の勤務時間と連続するなどの形で行われ、勤務時間中の職務との区別が明確でないものについては、教員が報酬を得

て補習授業に従事することにより、その職務の信頼性や公正性を損ないかねず、適切ではない。
○特に、勤務時間内に教員が補習授業に従事することは、③の観点から懸念が強いことに加え、本務の遂行に支障が生じかねず、適切ではない。
○校長は本来の教育活動に支障がないと認める限りにおいて、教室などの施設の使用を許可することができる。

問題の背景

　本講のようなPTA主催の補習授業等は、高等学校で早朝や放課後によく行われているのではないでしょうか。第2講でも紹介したように、学校には、保護者や地域住民との緊密な連携が求められており、PTAや地域学校協働本部などの協力を得て学校の役割を補完していくことは、児童生徒の学力向上や教員の負担軽減の観点からも有効であると考えられます。

　一方で、本講のような事案では、**教員の服務上の手続きや、施設の使用許可をしっかりと行い、学校の管理責任を曖昧にしないことが必要**です。また、教員はPTAから報酬を受け取ってもいいのか？　教室を貸し出すための基準とは何か？　誰が判断するのか？　補習中に子供が怪我をしたら誰の責任か？　色々な不安が頭をよぎります。

　平成24年には、一部の教育委員会の高等学校における補習授業等について、不適切な事案が国会において指摘され、その後の文部科学省の調査により、平成19〜23年度において、**18道県・指定都市教育委員会で、PTAが実施する補習授業等の実施に当たり、教員が許可なく報酬等を受けていた実態が明らか**になりました。本講では、補習授業の法的な論点について考えてみましょう。

　なお、地域の団体が企画して大人が参加するスポーツ教室やパソコン教室などについて、学校を会場として使用し、教員を講師として招く場合も本講の類似問題といえます。

関係法令の基礎知識

本講の「関係法令の基礎知識」では、そもそもPTAとはどういった団体かを理解するための（1）**社会教育関係団体としてのPTA**に関する論点と、PTAに教室を貸し出す点で押さえておくべき（2）**施設の使用許可**に関する論点、教員が補習授業に従事する点で押さえておくべき（3）**教員の服務（兼業許可、職務専念義務の免除）**に関する論点について解説していきます。

（1）社会教育関係団体としてのPTA

PTA（Parents and Teachers Associationの略称）とは、親と教員が任意で参加し、組織する団体であり、社会教育法第10条の「社会教育関係団体」の一つと考えられています。PTAは学校と密接に関わる団体ですが、例えば学校とPTAのどちらが主催の行事か明らかでないといったことは、その責任が曖昧であり不適切です。もちろん学校とPTAとの連携・協力は必須ですので、PTAと関係ある仕事は全て学校の仕事ではないと排除すべきものではありませんが、学校の仕事とPTAの仕事の仕分けをすることが重要です。なお、社会教育法第44条では社会教育のための学校の施設利用について、教育委員会等はその利用に供するよう努力する必要があることを規定しています。PTAは前述の通り社会教育に関する事業を行う団体であり、本規定が適用されると考えられます。

○社会教育法

（社会教育関係団体の定義）

第10条　この法律で「**社会教育関係団体**」とは、法人であると否とを問わず、公の支配に属しない団体で社会教育に関する事業を行うことを主たる目的とするものをいう。

（学校施設の利用）

第44条　学校（国立学校又は公立学校をいう。（略））の管理機関は、**学校教育上**

支障がないと認める限り、その管理する学校の施設を社会教育のために利用に供するように努めなければならない。

（2）施設の使用許可

（1）では学校施設を社会教育のために利用させるよう努めなければならないことを紹介しましたが、具体的な施設の使用の可否は学校施設の目的外使用について定めている「学校施設の確保に関する政令」に基づいて判断する必要があります。この政令第3条を読み解いていきましょう。

○学校施設の確保に関する政令

（学校施設の使用禁止）

第3条　学校施設は、**学校が学校教育の目的に使用する場合（①）**を除く外、使用してはならない。但し、左の各号の一に該当する場合は、この限りでない。

一　**法律又は法律に基く命令の規定に基いて使用する場合（②）**

二　管理者又は学校の長の同意を得て使用する場合（③）

2　管理者又は学校の長は、前項第二号の同意を与えるには、他の法令の規定に従わなければならない。

※①②③は、筆者の追記。

豆知識

◎条文番号の読み方

条文番号について、前述の学校施設の確保に関する政令を例にして確認してみましょう。

Q1：学校施設の確保に関する政令第3条第2項とは、どの部分のことでしょうか？

Q2：「二　管理者又は学校の長の同意を得て使用する場合」の部分の条文の番号はどのように表せばよいでしょうか？

A1:「2　管理者又は学校の長は、前項第二号の同意を与えるには、他の法令の規定に従わなければならない。」の部分。
A2：第3条第1項第二号。

「条」、「項」、「号」を混同しないよう気を付けましょう。

まず、同政令第3条第1項から、学校施設の使用が許可される場合を分類すると次のようになります。

①学校教育本来の目的に使用する場合
②特別な法令の規定が存在し、それに基づいて使用する場合
　・公職選挙法による投票所・開票所や個人演説会場として使用する場合
　　（公職選挙法第39条、第63条、第161条第1項）
　・非常災害そのほか緊急の場合に使用する場合
　　（災害対策基本法第49条の4、第49条の7、消防法第29条等）　など
③校長等の目的外使用の許可を受けて使用する場合
　・地域住民や総合型地域スポーツクラブ等にグラウンドを貸す場合
　・校舎内で売店等による使用を認める場合　など

本講の場合、③について校長としてどのような基準で判断するべきかが論点になりますが、同政令第3条第2項では「前項第二号（③）の同意を与えるには、他の法令の規定に従わなければならない」としています。

ここでいう「他の法令の規定」には、**学校教育法第137条「学校教育上支障のない限り、…学校の施設を社会教育その他公共のために、利用させることができる」**が含まれますが、「学校教育上支障のない」という状態はどのように判断すればいいのでしょう。これについては具体的な基準があるわけではありませんが、判例等を参考にすると次のような観点が考えられます。

第3講　PTAが主催して学校や教員とともに行う補習授業

(ア) 物理的に支障がないこと
- 本来の教育活動による施設の利用を妨げないこと
- 施設・設備の現状や用途、使用者の発達段階や能力等に照らして安全であること
- 火災、事故等のおそれがないこと

(イ) 生徒への教育的配慮から支障がないこと
- 施設利用の目的が、賭博や興行など、およそ教育の場で行われるにはふさわしくない内容ではないこと

(3) 教員の兼職・兼業と職務専念義務の免除

　公立学校の教員を含む地方公務員は、勤務時間の内外を問わず、副職をもつことが原則として禁じられています。地方公務員法第38条を読み解いていきましょう。

○地方公務員法

（営利企業への従事等の制限）

第38条　職員は、任命権者の許可を受けなければ、商業、工業又は金融業その他①営利を目的とする私企業（以下この項及び次条第1項において「営利企業」という。）を営むことを目的とする会社その他の団体の役員その他人事委員会規則（人事委員会を置かない地方公共団体においては、地方公共団体の規則）で定める地位を兼ね、若しくは②自ら営利企業を営み、又は③報酬を得ていかなる事業若しくは事務にも従事してはならない。ただし、非常勤職員（短時間勤務の職を占める職員及び第22条の2第1項第2号に掲げる職員を除く。）については、この限りでない。

> 2　人事委員会は、人事委員会規則により前項の場合における任命権者の許可の基準を定めることができる。
>
> ※①②③は、筆者の追記。
> ※下線は平成32年度施行。

　地方公務員法第38条第1項は、職員が従事することを制限される行為として、①会社などの営利企業の役員等になること、②会社などの営利企業を営むこと、③報酬を得て事業や事務を行うことを規定しています。

　例外として、任命権者である教育委員会の許可を受けた場合には、①～③の行為を行うことができます（県費負担教職員については、任命権者ではなく服務監督権者である市町村教育委員会が許可を与える（地教行法第47条第1項））が、その場合であっても、勤務時間中に従事しようとする場合には、別途、勤務時間を割くことについて職務専念義務（地方公務員法第35条）の免除（職務専念義務の免除または年休の承認）を受ける必要があります。

> ○地方公務員法
> 　（職務に専念する義務）
> **第35条**　職員は、**法律又は条例に特別の定がある場合を除く外**、その勤務時間及び職務上の注意力のすべてをその職責遂行のために用い、当該地方公共団体がなすべき責を有する職務にのみ従事しなければならない。

　以上は地方公務員一般の規定ですが、教員に関する特別法である教育公務員特例法第17条には、教育公務員の勤務の特殊性から、地方公務員法第38条の特例規定が設けられています。

> ○教育公務員特例法
> 　（兼職及び他の事業等の従事）
> **第17条**　教育公務員は、教育に関する他の職を兼ね、又は教育に関する他の事業

若しくは事務に従事することが本務の遂行に支障がないと任命権者（地方教育行政の組織及び運営に関する法律第37条第1項に規定する県費負担教職員については、市町村（特別区を含む。以下同じ。）の教育委員会。第23条第2項及び第24条第2項において同じ。）において認める場合には、給与を受け、又は受けないで、その職を兼ね、又はその事業若しくは事務に従事することができる。

2　前項の規定は、非常勤の講師（地方公務員法第28条の5第1項に規定する短時間勤務の職を占める者及び同法第22条の2第1項第2号に掲げる者を除く。）については、適用しない。

3　第1項の場合においては、地方公務員法第38条第2項の規定により人事委員会が定める許可の基準によることを要しない。

※第2項は平成32年度施行。

　この結果、**教育公務員が「教育に関する他の事業若しくは事務に従事する」場合**（要するに教員が、教育関係のほかの業務に従事する場合）には、次の通り一般の地方公務員とは異なる取扱いとなります。

①職務専念義務の免除（第1項）
　教育公務員特例法第17条の規定は地方公務員法第35条の「特別の定」に当たるものであり、**教育公務員特例法第17条に基づく許可を受けていれば、別に職務専念義務の免除を受けることなく、許可の範囲内で職務専念義務を免除され職務時間中にも他の事業等に従事できる**ことになります。

②兼職・兼業の許可基準の緩和（第3項）
　地方公務員法第38条第2項の人事委員会規則で定める基準によることなく許可を与えることができます。

　このような特例が設けられているのは、教員が有する知識、能力等に関し、地域が広く兼職・兼業を必要とする場合があるためと考えられます。

　以上のことを整理すると次ページの**表**のようになります。この表を使えば、教員が他の事業等に従事する場合の取扱いは一目瞭然です。

表　教員が他の事業等に従事する場合の取扱い

	勤務時間内	勤務時間外
報酬あり	〈教育に関する職以外の職を兼ねる場合〉 ・地方公務員法第38条に基づき、任命権者から、営利企業等従事の許可が必要。 ・営利企業従事制限の許可とは別に、条例に基づく職務専念義務の免除が必要。 〈教育に関する職を兼ねる場合〉 ・教育公務員特例法第17条に基づき、任命権者から、兼業の許可が必要。 ・職務専念義務の免除は不要。	〈教育に関する職以外の職を兼ねる場合〉 ・地方公務員法第38条に基づき、任命権者から、営利企業等従事の許可が必要。 〈教育に関する職を兼ねる場合〉 ・教育公務員特例法第17条に基づき、任命権者から、兼業の許可が必要。
報酬なし	〈教育に関する職以外の職を兼ねる場合〉 ・条例に基づく職務専念義務の免除が必要。 〈教育に関する職を兼ねる場合〉 ・教育公務員特例法第17条に基づき、任命権者から、兼業の許可が必要。 ・職務専念義務の免除は不要。	〈教育に関する職以外の職を兼ねる場合〉 〈教育に関する職の場合〉 ・いずれも手続き不要。

　また、教育公務員特例法第17条の「教育に関する他の事業若しくは事務」の範囲は、運用上次の通りとされています。教育委員会による許可について、地方公務員法第38条または教育公務員特例法第17条のいずれを根拠とするかは、教員が従事する事業等の内容により個別に判断する必要がありますが、**教育公務員特例法第17条を根拠とする場合には、次ページ（昭和34年通知）の４に該当する**と考えられます。

1　公立または私立の学校または各種学校の長およびこれらの学校の職員のうち、教育を担当し、または教育事務（庶務または会計の事務に係るものを除く。

以下同じ。）に従事する者の職
2 公立または私立の図書館、博物館、公民館、青年の家その他の社会教育施設の職員のうち、教育を担当し、または教育事務に従事する者の職
3 前２号のほか、教育委員会の委員、指導主事、社会教育主事その他の教育委員会の職員のうちもつぱら教育事務に従事する者ならびに地方公共団体におかれる審議会等で教育に関する事項を所掌するものの構成員の職
4 学校法人および**社会教育関係団体**（文化財保護またはユネスコ活動を主たる目的とする団体を含む。）のうち、教育の事業を主たる目的とするものの役員、顧問、参与または評議員の職ならびにこれらの法人または団体の職員のうち、**もつぱら教育を担当し、または教育事務に従事する者の職**
5 国会、裁判所、防衛庁または公共企業体に付置された教育機関または教育施設の長およびこれらの機関または施設の職員のうち、もつぱら教育を担当し、または教育事務に従事する者の職

（昭和34年２月21日文部省大臣官房人事参事官通知）

解説

　この問題の大前提として大事なことは、**ＰＴＡ主催の補習授業は、一般に、学校教育活動ではなく、社会教育活動である**という線引き、すなわち、教員の本来の職務ではないという仕分けが必要だということです。校長としてＰＴＡと連携・協力する一方で、学校マネジメント上、本来の学校教育活動とは峻別して本補習授業を考える必要があります。
　以下、（１）学校施設の利用と（２）教員の服務の観点から検討します。
（１）学校施設の利用について
　公立学校の施設は、本来、学校教育を行うものであり、原則として目的外使用は禁止されているものの、校長の判断により目的外の使用を許可することができます（学校施設の確保に関する政令第３条）。
　ここでは、校長として施設の使用許可をするかどうかが論点になっていま

すが、「関係法令の基礎知識」で紹介したように以下の観点で検討します。
 (ア) 物理的に支障がないこと
　・本来の教育活動の実施に支障がない時間帯か
　・火災や事故等のおそれがない補習の内容か
 (イ) 生徒への教育的配慮から支障がないこと
　・学校という場を使用するにふさわしい補習の内容か

　教員による補習授業という性質上、(イ) の観点から特段の問題点があるとは考えられません。**校長としては、(ア) の観点から特段の支障がない場合、施設使用の許可をすることができます**（ただし、(ア)(イ) の観点を満たせば必ず許可しなければならないものではなく、最終的に許可するか否かはあくまで校長の判断です）。

　また、教育委員会が学校施設の使用に関する規則等を定めている場合は、当該規則等に基づいて許可するか否かを判断する必要があります。さらに、一般論として、次の事項についても、校長として留意が必要です。

> ・実施主体（ＰＴＡ）が当該活動における管理責任を負うことを明確にすること
> ・利用する教室と利用しない教室の区別を明確にすること
> ・必要に応じて施設利用に当たっての心得、注意事項等を利用者に周知すること
> ・利用者の安全確保の体制づくりができているか確認すること（例えば鉄棒やプールなどを使った補習授業を行う場合、児童生徒を保険に加入させるなどの事故発生への備えは十分か等）

(2) 教員の服務（兼業許可、職務専念義務の免除）

　繰り返しになりますが、補習授業は学校教育活動として行われるものではなく、ＰＴＡという社会教育団体による活動の一環として行われるものと整理されるため、**校長は教員に職務命令を出して、補習授業への従事を命じることはできません。**一方、補習授業に教育効果を見込むことができ、実施に当たり本務の遂行上支障がない場合には、**教員の補習授業への従事を奨励す**

ることはできると考えられます。

　教員が補習授業に従事する場合には、校長は、**文部科学省の通知**「学校関係団体が実施する事業に係る兼職兼業等の取扱い及び学校における会計処理の適正化についての留意事項等について（平成24年5月9日文部科学省初等中等教育局長通知）」の内容に留意する必要があります。同通知は「問題の背景」でも紹介した、一部の教育委員会において、教員が兼業の許可なく報酬を受けていた実態が判明したことを受けて発出されたもので、教員の服務についての留意事項が以下の通り記載されています。

　PTA等の学校関係団体が生徒の進路実現を図るために実施する補習や特別の講座等の事業について、学校や個々の教職員が協力し、生徒の学習の充実を図ることができるが、**その事業の内容や実施方法が、学校の本来の教育活動として行われるべきと考えられるもの**（①教育課程の一部として実施していると見なさざるを得ないもの、②自校の生徒が必ず参加しなければならないような運用が行われているもの、③教職員の勤務時間と連続するなどの形で行われ、勤務時間中の職務との区別が明確でないものなど）について、**教職員が報酬を得て事業に従事することは、その職務の信頼性や公正性を損ないかねないことから適当でないこと**。

※①②③は、筆者の追記。

豆知識

◎報酬の範囲について

　ここでいう「報酬」とは、経常的なものであれ一時的なものであれ、労働の対価として支払われる一切のものであるとされていますが、講演料、原稿料などの謝金や車代については、労働の対価とはいえず報酬に該当しないものと解されています。

　教育公務員であっても「零細農家や住職となら兼業できる」と一般にいわれたりしますが、これは自ら消費する程度の農作物や、檀家からの御布施は一般的には「報酬」に当たらないと解されるからです。

この内容を踏まえつつ、59ページの表も使って、場合分けして考えていきます。なお、**本事案の補習授業への従事は、「教育に関する他の事業若しくは事務」に該当し、教育公務員の特例が適用されるものとして考えます。**

(1) 報酬があり、勤務時間内に従事する場合

③に述べられている通り、勤務時間外であっても、勤務時間中の職務との区別が明確でないものについては適切ではないことを踏まえれば、**勤務時間内に補習授業に従事することについては、一層本来の職務との区別は困難であると考えられます。**また、勤務時間内である以上、**本来の職務に支障をきたすおそれも強いと言わざるを得ません。**さらに、給料の対象である勤務時間内に別途の報酬を得ることについて住民の理解を得ることも困難であると考えられます。

以上を踏まえれば、**勤務時間内に報酬を得て補習授業に従事することは適切ではない**と考えられます。

(2) 報酬があり、勤務時間外に従事する場合

①～③に留意し、教員本来の職務に支障がない範囲とすることはもちろん、報酬額等については、住民からの公務員としての信用を損ねることがないよう適切な判断が必要です。その上で、**教育委員会による教育公務員特例法第17条に基づく兼業の許可が行われれば、教員がＰＴＡから報酬を得て補習授業に従事することができます。**加えて、教員に対しては、勤務時間内外の職務を包括的に評価するものとして教職調整額(第5講「COFFEE BREAK」を参照)が支給されていることも踏まえ、社会通念上、適切な報酬額であるべきことにも留意が必要です。

(3) 報酬がなく、勤務時間内に従事する場合

報酬がない場合であっても、**勤務時間内にＰＴＡ主催の補習授業に従事することは、(1)で述べた通り本来の職務との区別が困難であることなどから、適切ではない**と考えられます。

（4）報酬がなく、勤務時間外に従事する場合

特に手続きの必要はありませんが、①～③に留意するとともに、社会通念上、適切な範囲で行い、教員の本来の職務に支障がないようにする必要があります。

なお、豆知識でふれた通り、報酬ではない１回限りの謝金や交通費については、法令上の特段の許可を得ることなく受け取れるものと解されます。

本講の事例は16時～19時までの補習授業であり、かつ、ＰＴＡから講師となる教員に報酬を支払いたいという申し出がある場合ですので、仮に教員の勤務時間が17時までであるとすると、16時～17時は（１）の場合、17時～19時は（２）の場合と分けて、教員の服務の取扱いを検討することになります。また、教員が報酬の受け取りを辞退した場合には、（３）または（４）の場合として検討をすることとなります。**校長とＰＴＡは、これらを踏まえ、補習授業の実施時間や報酬の取扱いが適切なものとなるよう、事前に調整しておくことが必要**です。ＰＴＡの主催による補習授業については、各教育委員会が通知等により、その取扱いを定めている場合もありますので、実際の調整に当たってはそちらも参照してみてください。

深読み！ 教員がＰＴＡ主催の補習授業をする中で、子供が鉄棒から落ちて重症を負った。このとき教育委員会、学校、教員の責任をどのように考えるべきか？

学校事故の責任について法的に検討する際には、①民事上の責任（民法等）、②刑事上の責任（刑法等）、③行政上の責任（地方公務員法等）の三つの観点から検討する必要があります。詳細については学校事故を扱う**第４講**に譲りますので、そちらを読んでから戻ってきていただくとよいかもしれませんが、今回の事案については、民事上の責任を中心に考えてみたいと思い

ます。

　民法第709条では、不法行為による損害賠償について規定しています。本事案の場合、ＰＴＡによる補習授業は学校教育活動と位置付けられないため、**教員の故意または過失（わざとやったまたは不注意があった）によって事故が発生したものと認められれば、民法第709条に基づき、学校を設置する地方公共団体ではなく、当該教員個人に対し賠償責任が生じます。**

　また、ＰＴＡがこの教員に対して使用者としての地位に当たる（指揮監督関係がある）場合には、ＰＴＡも賠償責任を負うことになります。ただし、民法第715条の免責条項によって、ＰＴＡが当該教員について、監督上の相当の注意を払っていた場合には、教員のみが賠償責任を負うことになります。

　また、私人間の一般的な不法行為については、上記のように民法によってその解決が図られますが、公立学校の教員が行った不法行為や公立学校の営造物の設備・管理に問題があったために損害が生じたときは、被害者が国や地方公共団体に対してその賠償責任を問うことができる国家賠償法の適用が考えられます。しかし、**本補習授業は教員の本来の職務として行っているものではなく、学校教育活動と位置付けられないので、学校を設置する地方公共団体には国家賠償法第１条に基づく損害賠償責任は発生しません。**ただし、鉄棒そのものが錆びていて壊れやすくなっていたなど、**公の営造物そのものの安全管理に問題があった場合には、当該地方公共団体は国家賠償法第２条に基づく賠償責任を負う可能性があります。**

　賠償責任を考えるに当たっては、実際には、個別の事案における事実関係をよく踏まえる必要がありますし、民法や国家賠償法の基礎知識がないと、ちょっと難しかったかもしれませんが、次の条文を順番に読んでいけば基本的な考え方は理解いただけると思います。

第3講　ＰＴＡが主催して学校や教員とともに行う補習授業

○民法

（不法行為による損害賠償）

第709条　故意又は過失によって他人の権利又は法律上保護される利益を侵害した者は、これによって生じた損害を賠償する責任を負う。

（使用者等の責任）

第715条　ある事業のために他人を使用する者は、被用者がその事業の執行について第三者に加えた損害を賠償する責任を負う。ただし、使用者が被用者の選任及びその事業の監督について相当の注意をしたとき、又は相当の注意をしても損害が生ずべきであったときは、この限りでない。

2　使用者に代わって事業を監督する者も、前項の責任を負う。

3　前２項の規定は、使用者又は監督者から被用者に対する求償権の行使を妨げない。

○国家賠償法

第１条　国又は公共団体の公権力の行使に当る公務員が、その職務を行うについて、故意又は過失によつて違法に他人に損害を加えたときは、国又は公共団体が、これを賠償する責に任ずる。

②　前項の場合において、公務員に故意又は重大な過失があつたときは、国又は公共団体は、その公務員に対して求償権を有する。

第２条　道路、河川その他の公の営造物の設置又は管理に瑕疵があつたために他人に損害を生じたときは、国又は公共団体は、これを賠償する責に任ずる。

②　前項の場合において、他に損害の原因について責に任ずべき者があるときは、国又は公共団体は、これに対して求償権を有する。

民間人校長

K「民間人校長といえば、平成23年のフジテレビ系ドラマ『スクール!!』で江口洋介さん演じる民間人校長が公立小学校を舞台に、最近では平成29年の日本テレビ系ドラマ『先に生まれただけの僕』で櫻井翔さん演じる民間人校長が私立高校を舞台に奮闘していたのが記憶に新しいですね。」

T「実在の民間人校長であれば、元東京都杉並区立和田中学校校長の藤原和博さんは、『夜スペシャル』や『ドテラ(土曜日寺小屋)』、『よのなか科』などの取組みで有名だね。」

K「そうですね。これらの民間人校長は、一般に『民間出身者を起用することで学校運営に新しい風を吹き込む』といったイメージで捉えられていると思うのですが、そもそも民間人校長とはどのような人なんですか。」

T「校長に限らず、副校長、教頭を含む学校の管理職には、能力の高い人材、具体的には、教育に関する高い理解・識見をもち、地域や学校の状況・課題を的確に把握し、リーダーシップを発揮して、組織的・機動的な学校マネジメントを行うことができる人材を確保することが求められている。

　このため、**地域や学校の実情に応じて、学校の内外から幅広く優秀な人材を登用することができるように、文部科学省が制度改正を**

行い、平成12年度から、教員免許状を持っておらず、教育に関する職に就いたことがない人でも、**必要な資質があれば校長に登用できる**ようにしたんだ。このような仕組みの中で登用された校長が『**民間人校長**』と呼ばれ、校長になる前の職が民間企業の管理職であった人も多いね。

　また、教頭については平成18年度から、副校長についてはその職が創設された平成20年度から民間人の登用が可能となっている。」

K「なるほど。現在の学校に求められている能力をもった管理職を内部のみならず、外部にも求めることができるようにしたんですね。現在、どのくらいの民間人校長がいるんでしょうか。」

T「データを見ていこう。文部科学省の調査によれば、**平成29年4月時点で、全国で78人**となっている。同時点での公立学校（小学校、中学校、高等学校、中等教育学校、特別支援学校）の校長は32,876人だから、**割合としては約0.2%**ということになるね。

　また、ここ10年間の民間人校長の人数の推移は、平成20年度：80人、平成21年度：82人、平成22年度：86人、平成23年度：97人、平成24年度：89人、平成25年度：90人、平成26年度：108人、平成27年度：109人、平成28年度：86人、となっており、概ね80〜100人程度で推移し、ここ数年では減少傾向にあるね。」

K「へえ、人数としては少ない印象ですね。推移については概ね一定の人数で安定しているように見えますが。」

T「確かに人数はそうだね。ただし、民間人校長を登用している都道

府県・指定都市教育委員会の数を同じ期間で見ていくと、平成20年度：39、平成21年度：40、平成22年度：36、平成23年度：38、平成24年度：30、平成25年度：26、平成26年度：20、平成27年度：21、平成28年度：22、平成29年度：19、となっていて、**平成24年度以降減少傾向にあり、この10年間で半分程度になっているんだ。**」

K「そうなんですね。登用している教育委員会の数が半分程度となっても、人数はあまり変わらないということは、**民間人校長を登用する教育委員会は減少しつつも、登用している教育委員会に多くの民間人校長がいるという状況にあるということですね。**

確かに、平成29年度において5人以上の民間人校長を登用している教育委員会は、大阪府20人、大分県9人、横浜市9人、大阪市19人となっていて、**これら4教育委員会で全体の73％を占めている**状況になっていますね。同様に平成21年度の状況を見てみると、神奈川県8人、大阪府5人、横浜市6人で、**これら3教育委員会で全体の23％を占めています**から、随分様子が変わっていますね。このようなデータも踏まえ、民間人校長の登用による成果や課題についてはどのように捉えれば良いのでしょうか。」

T「民間人校長の登用については個々のケースの背景や実態を精緻に分析する必要があるから、一般論で述べることは難しいものの、民間人校長を登用した教育委員会からは、**①目標やビジョンを明確に示し、客観的データを用いた学校運営、②渉外能力を活かした企業、大学等との連携推進、③これらを通じた教員の意識改革**など、民間企業における経験を活かし、管理職として優れたリーダーシップ、あるいはマネジメント力を発揮した事例があったとの声があ

る。
　一方で、一般的な民間企業とは異なる性質を有する学校のマネジメントに適切に対応できなかった事例、必ずしも専門性がない教育指導面で特にリーダーシップを発揮できなかった事例など、課題があったとの声もある。また、一部の教育委員会では、民間人校長が登用から数か月間で退職してしまったり、懲戒免職処分を受けるような事態が発生したことも事実だ。」

K「なるほど。優れた民間人校長を登用できれば狙い通りの成果を出せるわけですが、決して容易なことではなく、場合によっては成果が十分ではないどころか、児童生徒や教職員にダメージを与えてしまうこともあるということですね。」

T「そういうことだね。民間人校長を登用する場合、教育委員会が公募や推薦を通じて選考を行うわけだけれども、教育委員会が教諭時代から長年にわたりその能力を把握し、候補者も多い『生え抜き』の校長候補とは異なり、**優秀な人材に応募してもらうための広報や企業等との連携に加え、校長としての適格性を丁寧に見定める候補者の選考等の人材確保にコストがかかる**。
　また、一般に、優秀な人材は現在の職業で十分な処遇を受けているであろうことを考えると、民間人校長になるに当たって、処遇の低下が伴ったり、校長としての任期が終わった後の職業生活が不透明であったりして、優秀な人材にとって応募のハードルになりやすいと思う。
　課題はこうした選考段階にのみあるわけではないんだ。民間人校長として優秀な人材を選考できた後も、これまで学校における仕事

をまったく経験していない人に校長として仕事をしてもらう以上、**民間企業とは異なる性質を有する学校という組織の在り方をはじめ、学校運営に必要な様々な事項を着任するまでに十分に理解しておく必要があり**、そうした基礎の上に立ってこそ、民間人校長独自の経験を活かし、能力を発揮することができると思う。このため、**教育委員会は、民間人校長として着任するまでにしっかりと研修を行う必要がある。**

さらに、民間人校長として着任した後も、単に学校に任せればよいということではなく、学校における経験がないことが能力発揮の妨げにならないよう、**優秀な副校長・教頭を配置して民間人校長の専門性が不足しがちな教育指導面を中心としたサポートを行ったり、教育委員会が定期的に相談に乗るような体制づくりなど、教育委員会が継続的にサポートをする必要もあると思う**。」

K「なるほど、教育委員会にとっては、**民間人校長の登用は、こうしたコストをかけた上で、本当に優秀な者を登用し、成果を出す学校運営を実現できるかというリスクをとることにもなるわけですね。**民間人校長を登用する教育委員会が減少した背景には、継続的に優秀な人材を確保することが容易ではないという実態もありそうです。

こうした成果や課題がある民間人校長ですが、公立学校にとってどのような存在になっていくんでしょうか。」

T「いま、学校の管理職には、優れたリーダーシップとマネジメント力、第6講で紹介する平成27年12月の中央教育審議会答申『チームとしての学校の在り方と今後の改善方策について』の言葉を借りれ

ば、『校長は、学校の長として、リーダーシップを発揮するために、まず、子供や地域の実態を踏まえ、学校の教育ビジョンを示し、教職員の意識や取組の方向性の共有を図ることが重要である。それに当たって、『チームとしての学校』における校長には、多様な専門性を持った職員を有機的に結びつけ、共通の目標に向かって動かす能力や、学校内に協働の文化を作り出すことができる能力などの資質が求められる。また、学校の教育活動の質を高めるためには、校長の教育的リーダーシップが重要であり、教育指導等の点で教職員の力を伸ばしていくことができるような資質も求められている。校長は、学校という組織で求められるマネジメントの能力と、組織一般で有効なマネジメントの能力をバランス良く身に付ける』ことが求められており、教育委員会は、『生え抜き』の校長がこうした能力を身に付けることができるよう、様々な努力を重ねている。

　すなわち、優れたリーダーシップとマネジメント力は、いまや全ての校長に強く求められており、そのような中、**独自の経験と能力を有する優秀な民間人校長を得ることができれば、他の校長にとって良い刺激になるという意味でも意義をもつことから、民間人校長の登用は、校長に適格者を登用するための一つの方法**ということじゃないかな。ただし、ここまで議論してきたことからもわかるように、民間人校長を登用することそのものが積極的な意義をもつわけではなく、あくまで優秀な人材を校長に登用することが重要であって、民間人校長はその方法の一つであるということに留意が必要だね。」

K「勉強になります。ところでそろそろいい時間なので、おいしいものが食べたいのですが…」

T「だね。今日は赤坂(注:赤坂は文部科学省がある霞ヶ関から千代田線で2駅)の焼肉屋にお世話になるか。」

K「大賛成です!」

コラム

文部科学省職員は教員の上司?
~教育の踊る大捜査線~

　皆様は「踊る大捜査線」という映画・ドラマをご覧になったことはありますか?
　主役である織田裕二さん扮する青島刑事と、柳葉敏郎さん扮する警察庁のキャリア官僚である室井管理官のかけあいは、中でも人気の場面です。管理官と呼ばれる役職の室井が、青島刑事の所属する湾岸署内の捜査本部に警視庁の職員とともにやってきて、捜査の陣頭指揮をとる場面がよく見られますが、ここでは室井管理官と青島刑事は上司部下の関係になっているといっていいでしょう。それでは、学校の先生方と文部科学省職員との関係はどうでしょうか。以下の問題で確認していきましょう。

【問題】
　①～③のうちAとBとの関係が上司部下の関係になっているものを選択してください。
　①A:登米市教育委員会学校教育課長　B:登米市立中学校の教員
　②A:宮城県教育委員会指導主事　B:登米市立中学校の教員
　③A:文部科学省初等中等教育企画課職員　B:登米市立中学校の教員
　　※登米市は宮城県内の市(指定都市ではない)。筆者の出身地であるための例示で他意はありません。

【解説】
　正解は①のみです。順に解説していきましょう。

コラム

①学校は、所管の教育委員会が管理することとされており（地方自治法第180条の8、地教行法第21条第1号）、この管理権限に基づいて必要に応じて教育委員会が職務命令を発することができます。登米市教育委員会の会務を総理し、教育委員会を代表する教育長（地教行法第13条第1項）が、同市内の学校の校長や教員の上司に当たるのはもちろんですが、学校教育課長などの職員も、その職務の範囲内で教育長の職務の執行を補助するものですので、教育長等の命を受けて当該教員に対して職務命令を発することができるという意味では上司といえます。

②指導主事は、学校教育の専門的事項の指導に関する事務に従事する専門職員です（地教行法第18条第3項）。任命権者としての宮城県教育委員会の指導主事は、登米市教育委員会に対して指導助言する権限を有しているものの（地教行法第48条第1項）、当該教員に対して職務命令を発することはできず、上司には当たりません。このため、県の指導主事が市立の学校を訪問する場合には、学校の直接の上司に当たる市の教育委員会職員が同行することが一般的ですよね（市の教育委員会職員がいない場合には、明示的・黙示的な承認を得て県の指導主事が訪問しているものと解されます）。なお、宮城県教育委員会高校教育課の指導主事は、教育長等の命を受けて県立高等学校の校長や教員に対して職務命令を発することができるため、この場合は指導主事と当該学校の教員両者の関係は上司部下関係であるといえます。

③文部科学省の初等中等教育企画課の職員は、その職務の範囲内で宮城県教育委員会及び登米市教育委員会に対して指導助言することができるものの（地教行法第48条第1項）、職務命令を発することはできず、当該教員の上司には当たりません。詳しくは第1講の図2（7ページ）を再度参照してみてください。

コラム

　よって、文部科学省の職員である我々と先生方との関係は上司部下の関係ではなく、室井管理官と青島刑事との関係とは異なります。警察行政は、階級制度が採用され上官の指揮監督を受けて事務を執行する仕組み（警察法第62条、第63条等）であるのに対して、教育行政（特に初等中等教育）は主に指導助言といった手法を用いて、現場の自主性を重視するソフトな行政分野といえるかもしれません（行政分野には内容に応じた方法があるわけであって、警察行政を批判しているわけではありません）。

　初等中等教育行政は、教育委員会がその実施主体となるとともに、文部科学省は基本的な教育制度の設計や、教育条件整備、全国的な基準の設定などの役割を担い、国と地方（現場）がそれぞれの責任と役割を果たしながら、互いに協力するという関係にあります。また、教育行政の現場にいるスタッフは、大学等の教職課程を修了し、それぞれに専門性をもつ教育のプロたる教員です。そのような先生方に対して、文部科学省が箸の上げ下ろしを指示するような仕組みにはなっていません。「ごんぎつね」を小学生にどのように教えれば、最大限の教育効果があげられるかについては、我々ではなく現場の先生方が熟知しているはずですから。

　このように教育行政は、学校現場を信頼した行政分野であると理解しているのですが、一方で、いじめや教員の違法な政治的行為を放置する教育委員会が仮にあれば、文部科学省の指導助言や是正要求などで適正化せざるを得ない事態になります。このような事態は、大変残念なものです。

　青島刑事と室井管理官は互いに強く信じあうことで問題を解決していきました。先生方と文部科学省職員である我々も、「踊る大捜査線」のような信頼関係で結ばれた、熱い教育をやっていきたいですね。

第4講

部活動における学校事故に対する危機管理

【キーワード】
◎注意義務　◎損害賠償請求　◎国家賠償法　◎災害共済給付

問題

　公立中学校の野球部において、放課後、練習中に生徒Aが打った球が、生徒Bの左目に当たり失明するという事故が発生した。事故当時、顧問の教員は職員室にて教材研究中であり、外部指導者のコーチが練習に立ち会っていた。
　保護者はこのような重大な事故が起こった原因と責任は校長と顧問の教員にあるとして、提訴するといっている。この場合、顧問の教員、地方公共団体はどのような法的責任を負うのか。

問題のポイント

○学校事故の発生後、対応のポイントになる点は以下の通り。
　①被害生徒を第一にした対応
　②正確な事実関係の把握
　③被害生徒・保護者への丁寧かつ誠実な説明
　④教育委員会と十分連携した対応
○法的責任については、放課後の部活動中の事故であっても、学校側に過失があれば、損害賠償責任を負うことになる。過失の有無については、どの程度の危険性を有する練習内容であったか、日頃から練習の危険性に関す

る安全指導をしていたか、施設設備の安全確保を図っていたか、外部指導者とどのような連携状況にあったかなどの観点から、注意義務を果たしていたかどうかを踏まえて判断されることとなる。
○学校側の過失が認められ、国家賠償法が適用される場合、教員や校長ではなく、一義的には設置者である地方公共団体が損害賠償責任を負う。ただし、教員に重過失がある場合には、当該教員は地方公共団体から慰謝料等を求償される可能性がある。

問題の背景

　残念なことではありますが、学校では万全の安全対策をとっていたとしても、事故が発生してしまう場合があります。独立行政法人日本スポーツ振興センターの調べによると、学校管理下の負傷における場合別発生割合は図1のようになっています。**小学校においては「休憩時間」に発生するケースが約半数となっている一方、中学校以上になると「休憩時間」の負傷が減少し「課外指導」、つまり部活動の占める割合が高くなっています。**このような状況を踏まえ、本講では部活動における学校事故を取り上げます。

　学校事故が発生した場合、管理職としては被害生徒を第一に考えて様々な対応をする必要があります。事故直後には、まずもって**被害生徒の保護を図る**のはもちろんのことですが、**関係者への速やかな連絡、事実の調査・確認、証拠の保全などに努める必要**があります。また、**被害生徒・保護者への対応については、慎重に、丁寧に、正確に説明を尽くすことが重要**です。

　およそ学校事故の全てが校長や教員に責任があるとはいえませんが、保護者等から訴訟に持ち込まれる可能性もあります。近年では、訴訟になった際の弁護士費用等を負担する、教員用の訴訟保険への加入が増えていると報じられています。また、学校における法的問題について弁護士から助言を受けることができる制度を導入している教育委員会も少なくありません。学校事故において、誰にどのような責任が生じうるのか、ここで基本的な考え方を確認し、今後の危機管理に役立ててください。

第4講　部活動における学校事故に対する危機管理

図1　負傷・疾病における場合別発生割合

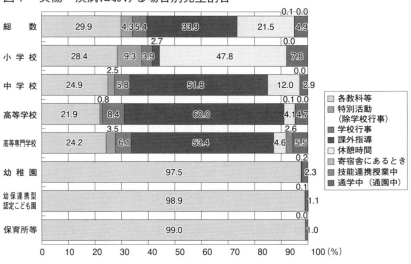

(出典：独立行政法人日本スポーツ振興センター『学校の管理下の災害［平成29年版］』、2017年)

関係法令の基礎知識

（1）法的責任

事故などがあった際の法的責任には、以下の3つがあります。

①民事上の責任（民法等）

②刑事上の責任（刑法等）

③行政上の責任（地方公務員法等）

例えば、公務員が飲酒運転を行い、一般の方を傷つけてしまったとしましょう。その際、①治療費などの被害者に対する損害賠償（民事上の責任）、②危険運転致死傷罪などによる懲役や罰金（刑事上の責任）、③任命権者からの懲戒処分（行政上の責任）の3つの責任を同時に問われることになります。

学校事故において、②刑事上の責任が発生することは稀ですが、例えば水泳指導中に児童生徒が死亡した場合（過失致死罪等）や、体罰による負傷の

場合（暴行罪、傷害罪等）に問われる可能性があります。また、職員の職務上の義務違反または職務の怠慢等により事故が発生した場合には、③行政上の責任が問われ、教育委員会から懲戒処分等を受ける可能性があります。

（2）損害賠償とは（民法と国家賠償法）

本講では保護者が学校側を提訴しようとしている事例を取り上げているので、①民事上の責任を中心に考えていきましょう。

まず、不法行為による損害賠償に関する条文を一つずつ確認していきましょう。

> ○民法
>
> （不法行為による損害賠償）
>
> 第709条　**故意又は過失**によって他人の権利又は法律上保護される利益を侵害した者は、これによって生じた損害を賠償する責任を負う。

民法第709条は不法行為による損害賠償の一般原則を述べたものです。「故意」や「過失」の概念をめぐっては、民法学において深い議論がありますが、ここでは、「故意」とは一定の結果が発生することと、それが違法であることを知りながら行うこと（簡単にいえば「わざと」）、「過失」とは損害の発生を予見し防止する注意義務を怠ること（簡単にいえば「不注意」）と捉えておきましょう。

> ○民法
>
> （使用者等の責任）
>
> 第715条　ある事業のために他人を使用する者は、被用者がその事業の執行について第三者に加えた損害を賠償する責任を負う。ただし、使用者が被用者の選任及びその事業の監督について**相当の注意をしたとき**、又は相当の注意をしても損害が生ずべきであったときは、**この限りでない。**

> 2　（略）
> 3　前2項の規定は、使用者又は監督者から被用者に対する求償権の行使を妨げない。

　民法第715条第1項では**使用者の損害賠償責任**が認められています。これは、直接の加害行為を行った従業員（被用者）に同法第709条の不法行為が成立することを要件として、被用者とは別に会社（使用者）の責任を問いうる仕組みです。ただし、同項の「ただし書き」にあるとおり、使用者が一定の管理責任を果たしていたと認められる場合は、責任を免れることがあります（免責条項）。また、同条第3項では、使用者は不法行為を行った被用者に対して、自身が支払った損害賠償金の支払いを求めることができるとしています（求償権）。

　さて、一般的な不法行為については、これら民法によって解決されますが、**公務員による不法行為の場合は、民法の特別法である国家賠償法の適用が考えられます**。

> ○国家賠償法
> 第1条　国又は公共団体の公権力の行使に当る**公務員**が、その職務を行うについて、故意又は過失によつて違法に他人に損害を加えたときは、国又は公共団体が、これを賠償する責に任ずる。
> ②　前項の場合において、公務員に故意又は**重大な過失**があつたときは、国又は公共団体は、その公務員に対して**求償権を有する**。

　国家賠償法による訴訟は被告が国または地方公共団体となり、被害者にとっては個人を被告とするよりも確実な賠償が期待できます。また、国家賠償法には民法第715条第1項の「ただし書き」のような**免責条項**がなく、国や

地方公共団体が相当な注意を払っていたとしても責任を免れることができません。このことから**被害者にとっては民法よりも有利な法制度**ということができます。さらに「故意又は過失」を賠償の要件とすることは民法第709条と同様ですが、求償については、国家賠償法第1条第2項にあるように「故意又は**重大な過失**」がある場合に限られており、加害公務員（本講の場合は顧問の教員）個人の責任は、民法に比べて限定的だといえます。

　ここで、公立学校の教員が「公共団体の…公務員」に当たることは疑問の余地がありませんが、公立学校における教員の教育活動が「公権力の行使」に含まれることも確認しておきましょう。具体的には、以下の中学校の体育の授業における指導が「公権力の行使」に含まれるかが争われた事案で、**「公立学校における教師の教育活動」が「公権力の行使」に含まれる**ことが判例上明らかにされています。

> ＜判例1＞　中学校3年生の体育の授業でプールの飛び込み指導がなされた際に、生徒が頭部を激突させる事故がおきた。当該教育活動が国家賠償法第1条第1項にいう「公権力の行使」に該当するか等が争われた事案。
>
> 「国家賠償法1条1項にいう『公権力の行使』には、公立学校における教師の教育活動も含まれるものと解するのが相当である。」
>
> （昭62.2.6　最高裁判決）

（3）部活動の位置付け

　部活動は教育課程外の活動ではあるものの、学校教育において大きな教育的意義や役割を果たしている教育活動です。平成20年3月に告示された**学習指導要領の総則**において、**部活動は「学校教育の一環」としてはじめて位置付けられ**、平成29年3月に告示された**新学習指導要領**においても、その位置付けは踏襲されています。＜判例1＞で紹介した授業のみならず、このような位置付けにある**部活動における顧問の教員の活動もまた、「公権力の行使」**

である「公立学校における教師の教育活動」であり、「解説」で紹介する判例はこのことを前提としています。

> ○中学校学習指導要領（抄）（平成29年3月31日文部科学大臣告示）
> 第1章　総則　第5　学校運営上の留意事項
> 1ウ　教育課程外の学校教育活動と教育課程の関連が図られるように留意するものとする。特に、生徒の自主的、自発的な参加により行われる**部活動については**、スポーツや文化、科学等に親しませ、学習意欲の向上や責任感、連帯感の涵養等、学校教育が目指す資質・能力の育成に資するものであり、**学校教育の一環として**、教育課程との関連が図られるよう留意すること。その際、学校や地域の実態に応じ、地域の人々の協力、社会教育施設や社会教育関係団体等の各種団体との連携などの運営上の工夫を行い、持続可能な運営体制が整えられるようにするものとする。

また、第6講において詳述しますが、部活動は学校教育の一環として重要な意義をもつ一方、実態として正規の勤務時間を超えて実施されている場合が多く、教員の多忙化の一因となっていることが管理職の頭を悩ませていることはご存知の通りです。このような状況を踏まえ、第6講で詳しく紹介する部活動指導員が平成29年4月に学校教育法施行規則において位置付けられ、顧問等を行うことができることとなりましたが、この**地方公共団体が任用する部活動指導員もまた、非常勤であっても「公共団体の…公務員」**であることに変わりはなく、その活動が損害賠償と無縁ではないことに留意してください。

> ○学校教育法施行規則
> 　（部活動指導員）
> 第78条の2　部活動指導員は、中学校におけるスポーツ、文化、科学等に関する教育活動（中学校の教育課程として行われるものを除く。）に係る技術的な指導に従事する。
> 　　　　　　　　　　　　　※　高等学校等についても本規定を準用。

第4講　部活動における学校事故に対する危機管理

（4）災害共済給付

　部活動は、学校管理下における教育活動として、その安全な実施には十分留意しなければなりませんが、不幸にして発生した**部活動中の児童生徒の負傷事故については、独立行政法人日本スポーツ振興センターの災害共済給付の対象となりえます**。

　災害共済給付制度とは、独立行政法人日本スポーツ振興センターで行っている事業であり、保護者の同意を得て教育委員会が同センターと契約することにより、**学校の管理下における児童生徒の負傷等に対して、医療費等の災害共済給付が行われる仕組み**です（独立行政法人日本スポーツ振興センター法第16条第１項）。給付金の請求や支払いの手続については、学校から所管の教育委員会を通じて行われ、給付金が保護者に支払われる仕組みになっています（図２参照）。

図２　災害共済給付の手続（イメージ）

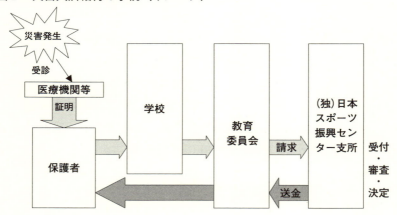

解説

　それでは、ここまでの基礎知識を前提に、法的責任の在り方を考えていきましょう。法的責任は、具体的には訴訟の判決において明らかとなります

が、その前にまず、児童生徒の学校における負傷については、前述した独立行政法人日本スポーツ振興センターの災害共済給付の制度がありますので、この適用手続を速やかにとることが必要です。この制度によって、基本的に**治療費に相当する金額は給付されることとなります**。裁判に訴えようとしている保護者に対しては、治療費が本制度で支給される旨を伝えた上で、教育委員会と連携を取りながら和解が図られるよう努めることが重要です。

それでもなお、今回の事例は失明という重大な被害でもありますので、保護者が医療費以外の精神的苦痛（いわゆる慰謝料）などについて、訴訟により損害賠償請求を行うことがありえます。教員は、事故が起きないよう、児童生徒に対し適切な安全指導を行い、その行動を十分に監督し、施設設備の安全性確保に十分配慮しなければならないのはもちろんですが、一方で、事故の発生や責任問題を恐れるあまり、危険性が生じることは児童生徒にいっさい行わせないということになれば、教育活動が萎縮してしまうことになりかねません。そのため、教員の「過失」とは何か、裏を返せば教員にはどのような「注意義務」が課せられているかの理解が重要です。

国家賠償法に基づく損害賠償請求をされた場合、**顧問の教員が生徒の怪我に対して注意義務を怠っていたといえるか否かが争点となるわけですが、基本となる判例として、以下の最高裁判例を確認しましょう**。

> ＜判例２＞　町立中学校の生徒が課外のクラブ活動中の生徒とした喧嘩により左眼を失明した事故につき、クラブ活動に立ち会っていなかった顧問の教諭に過失はないとされた事案。
>
> 「本件事故当時、体育館内においては、いずれも課外のクラブ活動であるバレーボール部とバスケットボール部とが両側に分かれて練習していたのであるが、本件記録によれば、課外のクラブ活動は、希望する生徒による自主的活動であつたことが窺われる。もとより、**課外のクラブ活動であつても、それが学校の教育活動の一環として行われるものである以上、その実施について、顧問の教諭を始

め学校側に、生徒を指導監督し事故の発生を未然に防止すべき一般的な注意義務のあることを否定することはできない。しかしながら、課外のクラブ活動が本来生徒の自主性を尊重すべきものであることに鑑みれば、**何らかの事故の発生する危険性を具体的に予見することが可能であるような特段の事情のある場合は格別、そうでない限り、顧問の教諭としては、個々の活動に常時立会い、監視指導すべき義務までを負うものではないと解するのが相当である。**」

(昭58.2.18 最高裁判決)

本判例においては、課外活動である**部活動中の事故だからといって、過失があれば賠償責任を免れることはできない**ことが明らかになっている一方、顧問の教員が事故現場にいなかったことについては、「何らかの事故の発生する危険性を具体的に予見することが可能であるような特段の事情のある場合は格別、そうでない限り、顧問の教諭としては、個々の活動に常時立会い、監視指導すべき義務までを負うものではないと解するのが相当」としており、直ちに注意義務違反に当たるとはされていません。

次に、中学校ではなく高等学校の事案ですが、本問のケースにもっとも類似した判例を確認しましょう。

＜判例３＞ 高校の硬式野球部のバッティング練習中に、打球が投手の頭にあたり失明した事故について、練習に立ち会っていなかった監督教員に過失はないとされた事案。

「**本件練習の危険性は（略）特に危険なものであるとは認められず**、他面、一般に高校野球部の部員の年齢（略）であれば自己の身体に対する危険を予知、認識してこれに対処する能力において成人とほとんど変わらないことは公知の事実であり、（略）本件練習に伴う危険の回避、事故の防止のために前示のように自ら対処することを部員に期待ないし要求したとしても、これを過重な負担を求め

> るものとは認め難く（後略）」
>
> 「教諭は（略）日頃の練習に関し、その個々の活動に常時立ち会い、監視監督すべき義務までを負うものではなかつたものというべきである。」
>
> 「教諭は、本件高校野球部員にとつて、野球により通常予想され得る危険を回避するための指導として十分な一般的注意をしていたものということができる。」
>
> （昭和63.2.19　東京地裁判決）

　本判例においても、**監督である教員について、常時練習に立ち会う義務**までは有していないと判断しています。しかしながら、＜判例２＞においても「何らかの事故の発生する危険性を具体的に予見することが可能であるような特段の事情のある場合は格別」とされているように、個々の練習への立ち会いの必要がないというのはあくまで原則論であって、危険度の高い練習が行われるなど状況によっては立ち会いが必要になることもありえます。

　本判例では、①特に危険とはいえない練習内容であった、②教員は野球の練習において通常予想される危険を回避するための十分な指導をしていた、③高校生部員は自己の身体に対する危険を認識する能力については成人とほとんど変わらない、と指摘しており、**練習内容の危険度はもとより、教員による安全指導の内容、さらには児童生徒の発達段階も踏まえて判断がなされている**ことに留意が必要です。さらに判例を見ていきましょう。

> ＜判例４＞　中学生のテニス部員が練習前のローラー引きの際、ローラーの下敷きになり死亡した事故について、事故当時不在であった顧問の教諭の過失を認めた事案。
>
> 「顧問教諭はローラーを駆足で牽引するなどの危険な使用をすれば、生命・身体に対する重大事故が発生することがあり得ることが充分に予見可能であつたのであるから、顧問教諭としてはローラーの適切な使用方法をテニス部員の生徒全

員に周知徹底させるべき注意義務があつたのに、右義務を尽くさなかつたため本件事故が発生したというべきである。」

(昭和62.10.28　静岡地裁判決)

　本判例でも顧問が不在であったことそのものを注意義務違反だとしているのではなく、**ローラーという器具の危険度の高さから、その適切な使用方法を周知徹底していなかったことについての過失があった**とされています。安全指導の必要性は＜判例３＞でも言及されていましたが、学校内の危険な設備については、児童生徒にしっかりとその用法を指導しておかなければなりません。最後の判例は外部指導員に関するものです。

＜判例５＞　ある高校の体操部が、顧問は不在で他の高校の体育館で合同練習を行った際に、生徒（１年生）が鉄棒の練習中に落下して頸髄損傷し、重度の運動麻痺が残ったことについて、顧問の教諭の過失を認めた事案。

「高等学校におけるクラブ活動は、生徒の自発的な活動を助長することが建前であるが、それとともに、常に教師の適切な指導が必要とされるものであり、その指導担当教師は、**単に名目だけでなく、たえず部の活動全体を掌握して指揮監督に当たり、指導に当つて外部の指導者を依頼する場合にも、実際に担当教師が練習に参加して指導上の責任をもち、その指導者との密接な連絡のもとに教育的効果のあがるような指導が行なわれていることが必要**とされていることが認められる。」

(昭和56.8.19　浦和地裁判決)

　本判例では、教員がほぼ名目に近い顧問であったことがうかがわれます。学校の実態としては、やむをえず自身の専門分野とは異なる校務分掌となることもありえますが、顧問として安全確保には万全を期す必要があることが

指摘されています。**顧問の教員は外部指導者（コーチ）に任せっきりで、安全措置を取るように指導をしておらず、指導計画などについて打ち合わせをすることもありませんでした。また、練習会場が通常とは異なる体育館であって、器具や空中感覚が異なり、危険度が増している点も指摘されています。**

これまで四つの判例を見てきて分かるように、一般に運動部活動については顧問の教員に相当程度の注意義務が求められますが、特別の場合を除いて、部活動の指導に常に立ち会う必要があるわけではありません。

その上で、どこまで顧問の教員の注意義務が及ぶのかについては、結局は事例ごとに判断していくほかありませんが、

①どの程度の危険性を有する練習内容であったか
②事故前まで生徒に対してどのような安全指導をしていたか
③外部指導者との連携状況

などを総合的に勘案して判断されるものだといえますので、本問のケースもこうした観点から事実関係を認定し、注意義務違反の有無を判断することになります。

仮に顧問の教員が部活動の指導に立ち会っていなかったとしても、①〜③について留意して、日頃から安全配慮に関する指導がしっかりとなされており、外部指導者のコーチと密接に連携していれば、求められる注意義務を果たしていると評価される可能性は高まるでしょう。

また、仮に裁判によって、当該教員の不法行為責任が認められた場合、国家賠償法第1条第1項により、学校や教員ではなく、地方公共団体が保護者に対して損害を賠償する責任を負うこととなりますが、当該教員に「重過失」があった場合には、地方公共団体から求償されることがありえますので留意してください（同条第2項）。

深読み！ 被害生徒の保護者は、校長や教員個人を訴えることはできるか？

　被害者にとっては、個人である校長や教員よりも、地方公共団体に対して提訴した方が確実な損害賠償が望めるため、国家賠償法に基づき、地方公共団体を被告として提訴することが一般的ですが、民法第709条に基づき、校長や教員個人を被告として損害賠償請求を提訴することも不可能ではありません。ただし、国家賠償法により地方公共団体の賠償責任が認められた場合、被害者は公務員個人に対して別途の損害賠償請求を提訴することはできません（昭和30．4．19　最高裁判決）。

　なお、被害生徒の保護者が、加害生徒の保護者に対して民法に基づく慰謝料等の請求を行う場合もあるでしょう。この場合は私人間の争いとなることから、学校は客観的に事故の事実関係を両者に伝えることに努めるべきです。

第4講 部活動における学校事故に対する危機管理

「自警」
～初代文部大臣からのメッセージ～

K「先輩、ようやく第4講まできましたが、勉強することが沢山あって頭が痛くなってきました。」

T「おいおい、まだ半分もきてないんだから、しっかりしてくれよ。しょうがない、ここでは気合不足のKに職員としての心構えを教えよう。文部科学省の前身である旧文部省の初代大臣を知っているかい？」

K「それは知っています、森有礼(もりありのり)文部大臣ですよね！現在の一橋大学の前身である商法講習所の創設者でもあります。そして、その書である『自警』のレプリカが、文部科学省内で公開されている旧大臣室などに掲げられているのを目にします。」

T「お、知っているのか。じゃあ、その内容はどんなものだい？」

K「うーん、それは先輩にお譲りします。」

T「おい…。それじゃあ、以下に森有礼初代文部大臣の『自警』の原文と現代語訳を紹介しよう。」

 ＜原文＞
　文部省は全国の教育学問に関する行政の大権を有してその任ずる

第4講　部活動における学校事故に対する危機管理

ところの責したがいて至重なり
　しかれば省務をつかさどる者はすべからく専心鋭意各その責を尽くして以て学政官吏たるの任を全うせざる可からず　しかしてこれを為すには明かに学政官吏の何ものたるをわきまえ決して他職官吏の務方を顧みこれに比準を取るが如きことなく一向に省務の整理上進を謀りもしその進みたるもいやしくもこれに安ぜずいよいよ謀りいよいよ進め　終に以てその職に死するの精神覚悟せるを要す
　明治十九年一月　有礼自記

＜現代語訳＞
　文部省は、全国の教育学問に関する行政の大権を有しているので、その責任は大変に重いものである。
　したがって、文部省の職務を担当する者は、専心鋭意その責任を尽くして、学問をつかさどる行政官吏の任をまっとうしなければいけない。そしてそのためには、学問をつかさどる行政官吏であることをわきまえ、決して他の官吏と比べることはせず、ひたすら文部省の職務に熟達することを計り、ある程度になったからといっても満足しないで、もっと上に進むよう努力し、最後にはその職に死んでもいいくらいの精神を自覚することが必要である。

（一橋大学森有礼高等教育国際流動化センターホームページより抜粋）

K「この御言葉には目が覚めますね…。森有礼は、元は薩摩藩士で、明治の初年以来外交官として各国に駐在し、たまたま憲法取り調べのために欧州に渡っていた伊藤博文と会い、このときに日本の政治について論じ合った中で、日本の発展・繁栄のためにはまず教育か

らこれを築き上げねばならないという自身の教育方策を披瀝し、それが伊藤博文に強い感銘を与えたと聞いています。伊藤博文は帰国後、森有礼を帰国させて文部省御用掛に任命し、文教の基本方策を立てさせ、その後初代文部大臣就任に至ったわけですよね。」

T「今年（平成30年）は明治元年から満150年となり、教育をめぐる課題は大いに変わっていても、『日本の発展・繁栄のためにはまず教育から』という想いは、現在の文部科学省職員にもしっかりと引き継がれていると思う。」

K「胸が熱くなりますね。『自警』においても、満足することなくさらに前進することが説かれていますが、未来を創る教育の改善に終わりはありませんし、その時々の教育を受けることになる子供たちに可能な限り質の高い教育を届けることができるよう不断の努力を続けることは、まさに我々教育関係者の使命ですね。」

T「まったくその通り。『最後にはその職に死んでもいいくらいの精神』とは、本当に死んでしまってはいけないので、心身を大事にしつつも、いわば『文部科学行政に命を懸ける気持ちで』ということだと理解しているけれど、先生のため、子供のため、まず我々文部科学省職員がそうした想いで働くことが、日本の教育の改善を支えることとなることをしっかり自覚しなければいけないね。そう思うと、頭が痛いだなんて言ってられないだろう？」

K「頭が痛いなんて言いましたっけ？　さあ、全力で第５講に進みましょう‼　でも、その前にちょっと一回温泉に入りましょう。そし

て、その後に一杯だけビールを飲んでからにしましょう。」

T「確かに今日は改訂作業のために僕が出向している福島県は飯坂温泉の某旅館にいるんだけれども…。まあ、気持ちも改まったようだし、付き合いますか！」

第5講
土日や祝日における授業や運動会の実施

【キーワード】
◎週休日と休日　◎勤務時間の割り振り　◎週休日の振替　◎休日代休
◎超勤4項目　◎学校週5日制　◎学校の休業日

問題

　公立学校の教員は、土曜日や日曜日、祝日には原則勤務はないが、これらの日にも運動会や学校公開を目的とした授業を実施し、教員を勤務させたい場合、校長はどのように対応すべきか。

問題のポイント

○公立学校の教員を含む地方公務員の勤務時間については、条例で定められることとなっており、職員の勤務時間に関する条例においては、土曜日及び日曜日を「週休日」、祝日及び年末年始を「休日」とし、月曜日から金曜日まで、1日当たり7時間45分、1週間当たり38時間45分の勤務時間としているのが一般的である。

○週休日に教員を勤務させる必要がある場合、条例等に基づき、勤務させる必要がある週休日の前後一定期間内にある勤務日を週休日に変更し、その勤務日に割り振られていた勤務時間（※）を勤務させる必要がある週休日に割り振り勤務させることができる。これを「週休日の振替」という。

※「勤務時間を割り振る」とは、正規の勤務時間を定めることを意味し、給与面からいえば給料の支給の対象となる労働時間を定めることであり、服務面からいえば当該時間に職務専念義務を発生させることである。

○休日に教員を勤務させる必要がある場合、条例等に基づき、その休日における勤務を命ずることができ、その際、代休日を指定することができる。

ただし、休日に勤務させる場合には、時間外勤務の場合と同様、いわゆる「超勤4項目」の適用がある（公立の義務教育諸学校等の教育職員の給与等に関する特別措置法第6条第3項）。

○これらを踏まえると、土曜日や日曜日において「週休日の振替」により、運動会や学校公開を目的とした授業のため教員を勤務させることは可能である。一方、祝日においては「超勤4項目」の適用があるため、運動会のための勤務を命じることは可能な場合もあると解されるが、学校公開を目的とした授業のための勤務を命じることは困難であると考えられる。

○また、教員の勤務時間の観点とは別途、学校週5日制（学校の休業日）の観点からも、土曜日等における教育環境の充実を図るための方策の一つとして、土曜日や日曜日を授業日にして、運動会や学校公開を目的とした授業を実施することは可能である。

問題の背景

　教員の勤務時間に関する仕組みは身近であるため、各学校においては、普段、その法的な背景をあまり意識していないことが多いと思います。しかし、「週休日」と「休日」の違いから始まり、地方公務員の勤務時間に関する仕組みは、実は複雑なものです。加えて、教員については、「超勤4項目」などの、他の地方公務員と異なる特殊な仕組みが設けられていることもあり、**校長が教員の勤務時間を適切に管理するためには、教員の勤務時間に関する仕組みをしっかりと理解しておく必要があります。**

　また、平成14年度以降、学校週5日制が完全実施されていますが、平成27年度に土曜授業を実施した学校の割合は、公立の小学校で24.6％、中学校で25.0％であり、実施している場合の実施回数は、月1回程度であるものが最も多く、小学校で55.4％、中学校で53.4％、学期に1回程度であるものが小学校で39.4％、中学校で40.6％となっています（文部科学省調べ）。このような中、そもそも土曜授業の実施についてどのように考えるべきか、また、

第5講　土日や祝日における授業や運動会の実施

土曜授業を実施する際、教員の勤務時間をどのように管理するかについては、今後、新学習指導要領により小学校の外国語活動（3・4学年）・外国語（5・6学年）に係る授業時数が増加することからも、関心が高まっています。

そこで、本講では、土曜日等における運動会や学校公開を目的とした授業を題材に、教員の勤務時間に関する仕組みを中心に考えていきましょう。

関係法令の基礎知識

それではまず、教員の勤務時間に関する仕組みについて考えるに当たって、関係法令を押さえておきましょう。関係法令として挙げられるのは、①**地方公務員法**、②**職員の勤務時間、休暇等に関する条例**、③公立の義務教育諸学校等の教育職員の給与等に関する**特別措置法**（以下「給特法」という）・公立の義務教育諸学校等の教育職員を正規の勤務時間を超えて勤務させる場合等の基準を定める政令（以下「給特法政令」という）です。

（1）勤務時間

まず、①地方公務員法、②職員の勤務時間、休暇等に関する条例についてみていきましょう。

○地方公務員法

（給与、勤務時間その他の勤務条件の根本基準）

第24条　（略）

2～4　（略）

5　職員の給与、勤務時間その他の勤務条件は、条例で定める。

地方公務員法第24条第5項では、**職員の勤務時間については、法律で一律に定めるのではなく、各地方公共団体の条例において定めることとされて**います。このため、職員の勤務時間については、一般的に、「職員の勤務時間、休暇等に関する条例」（以下「**勤務時間条例**」という）という名称の条例が

各地方公共団体において定められており、この勤務時間条例の中で勤務時間に関する具体的な事項が定められています。

そこで、勤務時間条例についてみていきたいと思いますが、各地方公共団体により条例の内容に若干の差があるので、ここでは、総務省が、各地方公共団体に対して勤務時間条例を定めるに当たっての参考例、いわばモデル条例として示している、「職員の勤務時間、休暇等に関する条例（案）」（以下「条例準則」という）をみていくこととします。

まず、条例準則第２条及び第３条では、１日当たり７時間45分、１週間当たり38時間45分の勤務時間であるとともに、土曜日及び日曜日が週休日であることが定められています。

○職員の勤務時間、休暇等に関する条例（案）

（１週間の勤務時間）

第２条　職員の勤務時間は、休憩時間を除き、４週間を超えない期間につき１週間当たり38時間45分とする。

（週休日及び勤務時間の割振り）

第３条　日曜日及び土曜日は、週休日（勤務時間を割り振らない日をいう。以下同じ。）とする。（略）

２　任命権者は、月曜日から金曜日までの５日間において、１日につき７時間45分の勤務時間を割り振るものとする。（略）

（２）週休日と休日

職員の勤務時間に関する仕組みの中で土曜日及び日曜日を「週休日」、祝日及び年末年始を「休日」ということについては「問題のポイント」でふれたところですが、ここで、改めて週休日と休日の違いを押さえておきましょう。まず、週休日についてですが、条例準則第３条第１項では、土曜日及び日曜日が週休日とされているとともに、週休日について**「勤務時間を割り振らない日をいう」**とされています。つまり、**週休日はそもそも勤務時間が割**

り振られていないので、給料の支給対象でもなければ、職務専念義務が発生することもないのです。

　それでは休日はどうでしょうか。条例準則第11条では、国民の祝日に関する法律に規定する休日及び年末年始の休日においては、「**特に勤務することを命ぜられる者を除き、正規の勤務時間においても勤務することを要しない**」とされています。「正規の勤務時間においても勤務することを要しない」日であるということは、逆にいえば、**休日は勤務時間が割り振られており、給料の支給対象であり、本来、職務専念義務が発生する日であるものの、条**例で「正規の勤務時間においても勤務することを要しない」と定められることによって、職務専念義務が免除されているのです。週休日と休日は、結果として勤務をしなくてよいという点においては同じなのですが、このような性質の違いがあり、このため、(3)、(4) で紹介するような、教員の勤務時間に関する取扱いの違いがあるのです。

(3) 週休日の振替

　条例準則第5条では、週休日の振替について定められています。週休日を振り替えることができる一定期間内の勤務日とは、人事委員会規則で定める期間内となっていますが、**多くの地方公共団体においては、国家公務員と同様、勤務させる必要がある週休日の4週間前から8週間後までとされています**（これを「前4後8」などと呼ぶことがあります）。また、条例準則第5条にあるように、1日の勤務時間7時間45分全てについてのみではなく、**その概ね半分である4時間の勤務時間を、勤務させる必要がある週休日に割り振ることもできます**。

○職員の勤務時間、休暇等に関する条例（案）
（週休日の振替等）
第5条　任命権者は、職員に第3条第1項又は前条の規定により週休日とされた日において特に勤務することを命ずる必要がある場合には、人事委員会規則の

定めるところにより、第3条第2項若しくは第3項又は前条の規定により**勤務時間が割り振られた日**（以下この条において「勤務日」という。）のうち人事委員会規則で定める期間内にある勤務日を週休日に変更して当該勤務日に割り振られた勤務時間を当該勤務することを命ずる必要がある日に割り振り、又は当該期間内にある勤務日の勤務時間のうち4時間を当該勤務日に割り振ることをやめて当該4時間の勤務時間を当該勤務することを命ずる必要がある日に割り振ることができる。

（4）休日の代休日

条例準則第12条では、休日の代休日について定められています。休日には必要に応じ、「特に勤務することを命じ」ることができるとされており、この場合、当該休日の前に、休日後の代休日を指定することができるとされています。ここで**代休日は、「指定することができる」ものであって、付与しなければならないものとはなっていませんが、これは、勤務時間が割り振られていないために勤務日の勤務時間を振り替えなければならない週休日とは異なり、休日は、（2）で紹介したように、勤務時間が割り振られているために、条例に基づいて特に勤務することを命じられた場合には、職員は当然勤務しなければならないことによるもの**です。したがって、代休日の指定を行うかどうかは、職員の健康と福祉に配慮しつつも、あくまで、公務の円滑な運営を確保した上で判断すべきものなのです。

○職員の勤務時間、休暇等に関する条例（案）

（休日の代休日）

第12条　任命権者は、職員に祝日法による休日又は年末年始の休日（以下この項において「休日」と総称する。）である勤務日等に割り振られた勤務時間の全部（次項において「休日の全勤務時間」という。）について**特に勤務することを命じた場合には**、人事委員会規則の定めるところにより、当該休日前に、当

該休日に代わる日(次項において「代休日」という。)として、当該休日後の勤務日等(第10条の2第1項の規定により時間外勤務代休時間が指定された勤務日等及び休日を除く。)を指定することができる。
2 前項の規定により代休日を指定された職員は、勤務を命ぜられた休日の全勤務時間を勤務した場合において、当該代休日には、特に勤務することを命ぜられるときを除き、正規の勤務時間においても勤務することを要しない。

(5)超勤4項目

(4)までは条例準則を中心に紹介してきました。勤務時間に関する仕組みの多くが条例によって定められていることがお分かりいただけたと思います。そして、教員の勤務時間については、他の地方公務員と異なる特殊な仕組みが設けられていることをすでに「問題の背景」で言及しましたが、ここからは、その仕組みを具体的に定めている③給特法・給特法政令について紹介します。

○公立の義務教育諸学校等の教育職員の給与等に関する特別措置法
(教育職員の正規の勤務時間を超える勤務等)
第6条 教育職員(管理職手当を受ける者を除く。以下この条において同じ。)**を正規の勤務時間**(一般職の職員の勤務時間、休暇等に関する法律(平成6年法律第33号)第5条から第8条まで、第11条及び第12条の規定に相当する条例の規定による勤務時間をいう。第3項において同じ。)**を超えて勤務させる場合は、政令で定める基準に従い条例で定める場合に限るものとする。**
2・3 (略)

このように、給特法第6条第1項において、教員の時間外勤務は、「政令で定める基準に従い条例で定める場合」に限られており、この「政令で定める基準」というのが給特法政令です。

第5講　土日や祝日における授業や運動会の実施

○公立の義務教育諸学校等の教育職員を正規の勤務時間を超えて勤務させる場合等の基準を定める政令
一　教育職員（法第6条第1項に規定する教育職員をいう。次号において同じ。）については、正規の勤務時間（同項に規定する正規の勤務時間をいう。以下同じ。）の割振りを適正に行い、原則として時間外勤務（正規の勤務時間を超えて勤務することをいい、同条第3項各号に掲げる日において正規の勤務時間中に勤務することを含む。次号において同じ。）を命じないものとすること。
二　教育職員に対し時間外勤務を命ずる場合は、次に掲げる業務に従事する場合であって臨時又は緊急のやむを得ない必要があるときに限るものとすること。
　イ　校外実習その他生徒の実習に関する業務
　ロ　修学旅行その他学校の行事に関する業務
　ハ　職員会議（設置者の定めるところにより学校に置かれるものをいう。）に関する業務
　ニ　非常災害の場合、児童又は生徒の指導に関し緊急の措置を必要とする場合その他やむを得ない場合に必要な業務

　給特法政令第1号では、教員については、正規の勤務時間の割り振りを適正に行い、**原則として時間外勤務を命じない**とされています。
　その上で給特法政令第2号において、教員に対し時間外勤務を命ずることができる場合とは、イ、ロ、ハ、ニの業務に従事する場合であって**臨時または緊急のやむを得ない必要があるときに限る**とされています。そして、このイ、ロ、ハ、ニの4種類の業務を「超勤4項目」と呼ぶことがありますが、教員の時間外勤務について、なぜこのような仕組みが設けられているかに関しては、別途、COFFEE BREAK で紹介します。

以上は、時間外勤務に関する特殊な仕組みですが、本講との関係では、給特法第6条第3項第1号が重要です。

> ○公立の義務教育諸学校等の教育職員の給与等に関する特別措置法
> （教育職員の正規の勤務時間を超える勤務等）
> 第6条　（略）
> 2　（略）
> 3　第1項の規定は、次に掲げる日において教育職員を正規の勤務時間中に勤務させる場合について準用する。
> 　一　一般職の職員の勤務時間、休暇等に関する法律第14条に規定する祝日法による休日及び年末年始の休日に相当する日
> 　二　（略）

　この規定により、教員を休日に勤務させることができるのは、時間外勤務の場合と同様、「**超勤4項目**」の場合であって**臨時または緊急のやむを得ない必要があるとき**に限られるのです。
　なお、復習ですが、「休日に勤務するのも時間外勤務なのでは？」と思った方もいるかもしれませんが、休日は、「勤務時間は割り振られているけど、条例により勤務しなくてよいとされている日」なのですから、「休日勤務も時間外勤務」ではなく、本来、「休日勤務は勤務時間中の勤務であるものの、給特法により時間外勤務と**同様に扱う**」という仕組みになっているのです。
　さあ、これらの知識をもとに、問題を解いていきましょう。

解説

　改めて問題の確認ですが、問題は、週休日である土曜日や日曜日、休日である祝日において、すでに紹介した教員の勤務時間に関する仕組みの中で、運動会や学校公開を目的とした授業を実施する場合に、校長が教員を勤務さ

せることができるのかを問うものです。

(1) 週休日である土曜日や日曜日に教員を勤務させる場合

まずは、運動会や学校公開を目的とした授業を、週休日である土曜日や日曜日に実施する場合について考えてみましょう。

すでにご案内のように、週休日である土曜日や日曜日に教員を勤務させる必要がある場合には、条例等に基づき、「週休日の振替」を行うことにより、土曜日や日曜日に勤務を割り振ることができます。これにより、**運動会や学校公開を目的とした授業を実施するため、土曜日や日曜日に教員を勤務させることが可能**となります。

ただし、週休日である土曜日や日曜日は、本来は教員の心身の回復を図る日であることから、「週休日の振替」は、臨時的・突発的な勤務を命ずる時間外勤務とは異なり、**勤務の必要性をあらかじめ予測しうる場合に、長期的観点に立って例外的に行うものであることに留意**し、むやみに教員の勤務条件を低下させるような運用にならないようにする必要があります。

(2) 休日である祝日に教員を勤務させる場合

次に、運動会や学校公開を目的とした授業を、休日である祝日に実施する場合について考えてみましょう。

休日である祝日における教員の勤務については、「関係法令の基礎知識」で紹介したように、時間外勤務と同様、**「超勤4項目」の場合であって臨時または緊急のやむを得ない必要があるときに限り勤務をさせることができる**という仕組みになっていました。したがって、休日である祝日において運動会や学校公開を目的とした授業を実施する場合に教員を勤務させるためには、まず、この「超勤4項目」に該当している必要があります。

運動会については、「超勤4項目」のうち**「修学旅行その他学校の行事に関する業務」**に含まれるかどうかが検討されるべきですが、文部省(当時)の通達(「国立及び公立の義務教育諸学校等の教育職員の給与等に関する特

別措置法の施行について（昭和46年7月9日文部事務次官通達）」）によれば、修学旅行のほかに、学芸的行事や**体育的行事**についても含まれるとされているため、**運動会も「修学旅行その他学校の行事に関する業務」に含まれる**と解されます。

一方、**学校公開を目的とした授業については、「超勤4項目」のいずれにも該当するとは考えられません。**

よって、休日である祝日においては、**運動会についてのみ、「臨時又は緊急のやむを得ない必要があるとき」には、教員を勤務させることができ**、この場合には、条例等の規定に基づき、代休日を指定できることになります。なお、どのような場合が「臨時又は緊急のやむを得ない必要があるとき」に当たるかについては、一律の基準はないことから、各教育委員会または学校において、その必要性について適切に説明責任を果たせるようにしておく必要があります。

表　運動会と学校公開を目的とした授業の実施の可否

	週休日	休日
運動会	○	○（※） （超勤4項目に当てはまる）
学校公開を目的とした授業	○	× （超勤4項目に当てはまらない）

※臨時または緊急のやむを得ない必要がある場合に限る。

ここまで、いかがだったでしょうか。教員の勤務時間に関する仕組みは複雑ですが、基礎を「関係法令の基礎知識」でしっかり押さえていれば、「解説」はすんなりと読んでいただけたと思います。

（3）学校週5日制（学校の休業日）の観点

　教員の勤務時間に関する仕組みの観点からは、運動会や学校公開を目的とした授業を土曜日等に実施し、教員を勤務させることが可能であることが分かりましたが、これとは別に、**学校週5日制の中で土曜日を授業日とする場合の考え方**について紹介したいと思います。

　学校週5日制が平成14年度から完全実施されていることはご存じの通りですが、改訂前の学習指導要領の在り方等に関する平成20年1月の中央教育審議会答申「幼稚園、小学校、中学校、高等学校及び特別支援学校の学習指導要領等の改善について」では、土曜日を授業日として活用することについて、以下のような記述があります。

> 　現在でも、学校においては、**地域や保護者に開かれた学校づくりなどの観点から、運動会や学校公開などの行事を土曜日等を授業日にすることにより実施している**。これと同様に、地域と連携したり外部人材などを活用して、総合的な学習の時間の一環として課題解決型の学習や探究活動、体験活動などを行う場合には土曜日を活用することが考えられる。

　また、新学習指導要領の在り方等に関する平成28年12月の中央教育審議会答申「幼稚園、小学校、中学校、高等学校及び特別支援学校の学習指導要領等の改善及び必要な方策等について」では、以下の記述のように、土曜日を授業日とすることは、時間割を弾力的に編成するに当たっての方策の一つとして位置付けられています。

> 　弾力的な時間割編成を可能としている現行学習指導要領を踏まえ、各学校においては、時間割を編成するに当たって、子供たちの姿や地域の実情を踏まえつつ、休憩の取り方や休業期間を工夫したり、朝学習や昼学習などの短時間学習の時間を設定したり、授業時間を弾力化したり、**学校教育法施行規則の改正に伴った土曜日の活用を行ったりする**など、様々な創意工夫が行われているところである。

このように、**運動会や学校公開を目的とした授業などについて、学校週5日制の趣旨（※）に配意しつつ、土曜日を授業日として実施することは、問題のあるものではありません。**

※「完全学校週5日制の実施について（平成14年3月4日文部科学事務次官通知）」において、その趣旨について、「完全学校週五日制は、幼児、児童及び生徒（以下『児童等』という。）の家庭や地域社会での生活時間の比重を高め、主体的に使える時間を増やし、『ゆとり』の中で、学校・家庭・地域社会が相互に連携しつつ、子どもたちに社会体験や自然体験などの様々な活動を経験させ、自ら学び自ら考える力や豊かな人間性、たくましく生きるための健康や体力などの『生きる力』をはぐくむものである。」とされている。

　また、文部科学省に置かれた「土曜授業に関する検討チーム」は、土曜授業の在り方について検討し、平成25年6月に中間まとめ、同年9月に最終まとめを公表しています。

　これらでは、土曜日における教育活動の理念や、土曜授業の実施に当たり留意すべきことについて、以下のように基本的な考え方が示されています。

> ①　土曜日において、子供たちに、学校における授業や地域における多様な学習や体験活動の機会などこれまで以上に豊かな教育環境を提供し、その成長を支えることができるよう、学校、家庭、地域のすべての大人が連携し、役割分担しながら取組みを充実する必要があること
> ②　このような観点から、学校において子供たちに土曜日における充実した学習機会を提供する方策の一つとして土曜授業を捉え、まずは、設置者の判断により、これまで以上に土曜授業に取り組みやすくなるよう、学校教育法施行規則の改正等を行うことが考えられること。全国一律での土曜授業の制度化については、今後教育課程全体の在り方の中で検討する必要があること

　すなわち、全国一律での土曜授業の制度化については中長期的な検討課題としつつ、**当面、学校週5日制の趣旨に配意しつつ、「子供たちに土曜日における充実した学習機会を提供する方策の一つとして土曜授業を捉え」、各教育委員会の判断で土曜授業を実施できるようにしていく、**というものです。

第5講　土日や祝日における授業や運動会の実施

　以前の学校教育法施行規則第61条では、土曜日等について、「**特別の必要がある場合**は、この限りではない（休業日ではなく授業日にすることができる）」とされていたため、具体的にどのような場合がこれに該当するのか明確ではなく、教育委員会に土曜授業の実施を躊躇させているとの指摘がありました。文部科学省では、こうした指摘や前記②を踏まえ、平成25年11月に同条を改正し、**教育委員会が必要と認める場合は、土曜日等に授業を実施することが可能であることを**明確にしました。

> ○学校教育法施行規則
> 第61条　公立小学校における休業日は、次のとおりとする。ただし、第三号に掲げる日を除き、**当該学校を設置する地方公共団体の教育委員会（中略）が必要と認める場合は、この限りでない。**
> 　一　国民の祝日に関する法律（昭和23年法律第178号）に規定する日
> 　二　日曜日及び土曜日
> 　三　学校教育法施行令第29条第１項の規定により教育委員会が定める日
> ※中学校、高等学校等においても同様。

　なお、一般的に、教育委員会の学校管理規則において、休業日を授業日とした場合には、他の授業日を代わりに休業日とすることができることが定められていますが、昨今、代わりの休業日を設けることなく授業を行う学校も見られるようになっています。

　以上のように、**土曜日等に授業を実施する際には、教員の勤務時間に関する仕組みの観点に加え、学校週５日制（学校の休業日）の観点からの理解・整理も必要である**ことに留意しましょう。

教職調整額と超勤4項目

K「第5講では、原則として時間外勤務を命じることができない教員に対し、例外的に時間外勤務を命じることができる『超勤4項目』について勉強しましたが、教員については、なぜ他の公務員とは異なり、このような仕組みになっているのでしょうか。」

T「超勤4項目について理解するためには、まず、『教職調整額』について理解する必要がある。教職調整額とは、**教員の勤務態様の特殊性を踏まえ、勤務時間の内外を問わず包括的に教員の勤務を評価した処遇として、時間外勤務手当を支給しない代わりに、給料月額の4％相当を支給する**ものだ。」

K「なんだか難しいですね。とにかく、教員は時間外勤務に関する仕組みだけではなく、給与に関する仕組みも特殊なものになっているんですね。」

T「それじゃあ、教職調整額を理解するために、歴史をひも解いてみよう。以下、少し長くなるけれど、とても参考になるので、中央教育審議会の配布資料からの抜粋を紹介しよう（太字は筆者）。」

○ 戦後の公務員の給与制度改革（昭和23年）により、教員の勤務時間は単純に測定することは困難であること等を踏まえ、教員給与については一般の公務員より一割程度有利に切り替えられたこ

とに伴い、教員に対しては超過勤務手当は支給されないこととされた。
○ しかしながら、毎年の給与改定の結果、教員給与の優位性が失われた上に、当時の文部省からの超過勤務を命じないとの指示にもかかわらず、超過勤務が行われている実態が多くなり、多くの都道府県で時間外勤務手当の支給を求める訴訟が提起され、いわゆる「超勤問題」として大きな社会問題となった。
○ このような状況を踏まえ、文部省は教育界の混乱を収拾するとともに、教員の勤務状況を把握するため、昭和41年度に1年間をかけて全国的な勤務状況調査を実施。
○ 教員の勤務状況調査の結果を踏まえ、昭和43年4月に、義務教育諸学校の教員に対して、その勤務の態様の特殊性に鑑み、当分の間、俸給の月額の4パーセントに相当する教職特別手当を支給することなどを内容とする「教育公務員特例法の一部を改正する法律」案が閣議決定され、国会に提出されたが、結局廃案となった。
○ 昭和46年2月、人事院は「義務教育諸学校等の教員に対する教職調整額の支給等に関する法律の制定についての意見の申し出」を行い、義務教育諸学校等の教員について、**その職務と勤務態様の特殊性に基づき、新たに教職調整額を支給する制度を設け、超過勤務手当を支給しないこととすることを提言。**
○ 人事院の申し出を踏まえ、政府は、「国立の義務教育諸学校等の教諭等に対する教職調整額の支給等に関する特別措置法（以下「給特法」という。）」案を国会に提出し、同年5月に制定され、**昭和47年1月より施行**された。

（出典：中央教育審議会　初等中等教育分科会　教職員給与の在り方に関するワーキンググループ第10、11回（平成18年12月）資料）

また、教職調整額を支給する根拠である、教員の「職務と勤務態様の特殊性」については、以下のように説明されている（太字は筆者）。

〈職務の特殊性〉
　「教育の仕事に従事する教員の職務はきわめて複雑、困難、かつ、高度な問題を取り扱うものであり、従って**専門的な知識、技能はもとより、哲学的な理念と確たる信念、責任感を必要とし**、また、その困難な勤務に対応できるほどに教育に関する研修、専門的水準の向上を図ることが要求される。このように教員の職務は一般の労働者や一般の公務員とは異なる特殊性をもつ職務である。」

〈勤務態様の特殊性〉
　「通常の教科授業のように学校内で行なわれるもののほか、野外観察等や修学旅行、遠足等の学校行事のように学校外で行なわれるものもある。また、家庭訪問のように教員個人の独得の勤務があり、さらに自己の研修においても必要に応じて学校外で行なわれるものがある。このように、**勤務の場所からみても学校内のほか、学校を離れて行なわれる場合も少なくないが、このような場合は管理・監督者が教員の勤務の実態を直接把握することが困難である。さらに夏休みのように長期の学校休業期間中の勤務は児童・生徒の直接指導よりも研修その他の勤務が多い等一般の公務員とは違った勤務態様の特殊性があるものである。**」

（出典：宮地茂監修、教員給与研究会（文部省初等中等教育局内）編著『教育職員の給与特別措置法解説』第一法規出版、1971年）

K「このような教員の職務と勤務態様の特殊性を踏まえれば、**教員が学校の業務を処理するに当たっては、その自発性、創造性が大いに期待される。**すなわち、教育の専門職である教員については、管理職からの命令により時間外勤務をさせ、それに応じた手当を支給するのではなく、教職調整額制度の下、教員の自発性、創造性によって教育の現場が運営されるのが望ましいと考えられたということですね。

教職調整額の歴史についてはよく分かりました。しかし、まだ超勤４項目がでてきていません。」

T「焦らない焦らない。このように、教員の職務と勤務態様の特殊性を踏まえて、時間外勤務手当を支給しない代わりに、教職調整額を支給することとしたわけだけれども、そのような仕組みの下における教員の時間外勤務については、どのようなことが懸念されるかな。」

K「どんなに時間外勤務をさせても、時間外勤務手当は支給されず、教職調整額が支給されるのみですから、無制限な時間外勤務につながるおそれがあるのではないですか。」

T「そういうこと。時間外における職務命令を制限する超勤４項目は、**無制限な時間外勤務の拡大に対する歯止めという観点から、教職調整額の創設とともに導入されたものなんだ。**」

K「なるほど！　だから教職調整額と超勤４項目はセットで勉強しなければいけないのですね。

しかし、超勤4項目は無制限な時間外勤務の拡大の懸念に対する歯止めとして導入されたものの、**実際には、職務命令によらない、いわば自発的な勤務として教員は長時間の残業をしていますよね。**むしろ、教職調整額制度が歯止めになり得ず、あたかも学校には無限の時間的資源があるかのようにみられてきた側面があるのではないでしょうか。」

T「その通り。超勤4項目及び教職調整額については、制度と実態が乖離していることは否めない。文部科学省が行った「教員勤務実態調査（平成28年度）」でも、前回調査（平成18年）と比較して勤務時間が大幅に増加（教諭については、1日当たり、小学校平日43分・土日49分、中学校平日32分・土日1時間49分の増加）していることが明らかになり、教員の多忙化は深刻な社会問題になっている。中学校・高等学校の教員では、部活動の勤務時間が大きな論点だ。同じ文部科学省調査によると、中学校における土日の部活動の時間については、10年前よりもほぼ倍増（1時間6分から2時間10分）している。

これまで各教育委員会や学校の努力で業務改善が進められ短縮された時間はあるものの、その時間を上回って、授業や部活動等他の業務の時間が増加したことから、結果的に勤務時間の短縮につながっていないと分析できる。」

K「確かに教員の勤務実態をデータで明らかにすると看過できない状況といえるので、教員の勤務の在り方の検討が必要ですね。しかし、教職調整額の見直しは、単に給与の問題にとどまらず、学校の組織運営や教員の果たすべき職務の内容・責任などにも大きく影響

する問題ですし、特に教員の勤務時間管理や超勤4項目を含む時間外における勤務の在り方などには直接影響が及ぶものなので、幅広い観点からの議論が必要となりますね。」

T「そうなんだ。給特法の在り方に関しては、これまでも中央教育審議会をはじめ様々な場で検討がなされてきているし、平成30年3月現在も、中央教育審議会に置かれている『学校における働き方改革特別部会』において、給特法の在り方も含む教職員の勤務時間等に関する制度の在り方について検討が行われているところなんだ。
　教員の勤務の特殊性から、引き続き、教職調整額のような形で支給することが適当とする意見がある一方で、時間外勤務の時間数に応じて評価できるように、一般の公務員と同様に時間外勤務手当を支給することを検討してはどうかという意見もある。仮に、**教職調整額を時間外勤務手当にするとしても、管理職による教員の勤務時間管理、部活動指導や持ち帰り業務の取扱いなどの課題があること**が指摘されており、何より学校の組織文化さえも大きく変えることにつながるため、まだ結論には至っていないんだ。」

K「なるほど。制度の創設からその見直しの議論まで、少し難しかったですがとても勉強になりました。それじゃあ、続きを議論するべく今日も飲みに行っときますか？」

T「いや、今日はバウアーなんだ。」

K「バウアーですか、残念です…って、読者にはバウアーなんてわかりませんよ！」

T「あ、そうか。『別件』→『ベッケンバウアー(注:1960〜80年代にかけて活躍した旧西ドイツのサッカー選手)』→『バウアー』です。オヤジギャグと略語が好きな若者の感性が融合した、我々がよく使う言い回しだね。」

K「堂々と紹介するのは恥ずかしいですが…。何にせよ、お疲れ様でした!」

コラム

理想の教師とは?
～教員に求められる資質能力～

　理想の教師とはいかなる教師でしょうか。換言すれば、教員に求められる資質能力とは何か、という問いでもあります。

　教育基本法第9条第1項では、「法律に定める学校の教員は、自己の崇高な使命を深く自覚し、絶えず研究と修養に励み、その職責の遂行に努めなければならない」と規定しています。教育基本　法においては、絶えず研究と修養に励むことは求められているものの、理想の教員像や教員に求められる資質能力については明らかになっていません。実は、他の法令においても、教員に求められる資質能力について具体的に明確化されているものは見当たらないのです。

　そこで、教員の養成や研修などについて議論された審議会の答申をひも解きながら、教員に求められる要請や研修などあについて考えていくことにしましょう。

　まず、「教員の資質能力の向上方策等について（昭和62年12月18日教育職員養成審議会答申）」では、「学校教育の直接の担い手である教員の活動は、人間の心身の発達にかかわるものであり、幼児・児童・生徒の人格形成に大きな影響を及ぼすものである。このような専門職としての教員の職責にかんがみ、教員については、**教育者としての使命感、人間の成長・発達についての深い理解、幼児・児童・生徒に対する教育的愛情、教科等に関する専門的知識、広く豊かな教養、そしてこれらを基盤とした実践的指導力が必要である**」とされており、答申から30年以上を経た現在にあっても色褪せることのない、普遍的な教員としての資質能力を提示しているように思われます。一方で、読者の皆様におかれては、激しい変化の中にある現在、求められている資質能力はこれらだけではないのでは、ともお感じになるでしょう。

コラム

　そこで、「新たな時代に向けた教員養成の改善方策について（第1次答申）（平成9年7月28日教育職員養成審議会）」を見ていきましょう。この平成9年答申では、教員に求められる資質能力について、「いつの時代にも変わらないものもあるし、そのときどきの社会の状況により特に重視されるものもある」として、**「いつの時代も教員に求められる資質能力」「今後特に教員に求められる具体的資質能力」の二つに分けて整理**しており、昭和62年答申の内容を前者であると位置付けた上で、「今後特に教員に求められる具体的資質能力」の例について、以下の通り整理しています。

> 地球的視野に立って行動するための資質能力
> ─ 地球、国家、人間等に関する適切な理解
> 　　例：地球観、国家観、人間観、個人と地球や国家の関係についての適切な理解、社会・集団における規範意識
> ─ 豊かな人間性
> 　　例：人間尊重・人権尊重の精神、男女平等の精神、思いやりの心、ボランティア精神
> ─ 国際社会で必要とされる基本的資質能力
> 　　例：考え方や立場の相違を受容し多様な価値観を尊重する態度、国際社会に貢献する態度、自国や地域の歴史・文化を理解し尊重する態度
>
> 変化の時代を生きる社会人に求められる資質能力
> ─ 課題解決能力等に関わるもの
> 　　例：個性、感性、創造力、応用力、論理的思考力、課題解決能力、継続的な自己教育力
> ─ 人間関係に関わるもの
> 　　例：社会性、対人関係能力、コミュニケーション能力、ネットワーキング能力
> ─ 社会の変化に適応するための知識及び技能
> 　　例：自己表現能力（外国語のコミュニケーション能力を含む。）、メディア・リテラシー、基礎的なコンピュータ活用能力

コラム

> 教員の職務から必然的に求められる資質能力
> ― 幼児・児童・生徒や教育の在り方に関する適切な理解
>   例：幼児・児童・生徒観、教育観（国家における教育の役割についての理解を含む。）
> ― 教職に対する愛着、誇り、一体感
>   例：教職に対する情熱・使命感、子どもに対する責任感や興味・関心
> ― 教科指導、生徒指導等のための知識、技能及び態度
>   例：教職の意義や教員の役割に関する正確な知識、子どもの個性や課題解決能力を生かす能力、子どもを思いやり感情移入できること、カウンセリング・マインド、困難な事態をうまく処理できる能力、地域・家庭との円滑な関係を構築できる能力

　すでに答申から20年を経ていますが、現在の議論にあっても通用する内容が多いことに驚きます。一方、現在にあっては、これらは「今後特に求められる」のではもはやなく、このような内容を含めて「いつの時代も教員に求められる」資質能力になっているかもしれません。

　また、「養成と採用・研修との連携の円滑化について（第3次答申）（平成11年12月10日教育職員養成審議会）」では、教員の各ライフステージに応じて求められる資質能力を備えることが必要であるとし、**（1）初任者の段階、（2）中堅教員の段階、（3）管理職の段階**に分類して整理しています。後で紹介する平成27年答申の内容にも通ずるものであり、今日では定着している考え方と言えるのではないでしょうか。

　そして、「新しい時代の義務教育を創造する（平成17年10月26日中央教育審議会答申）」では、あるべき教師像として、**①教職に対する強い情熱、②教育の専門家としての確かな力量、③総合的な人間力**の三つの観点に整理して示されています。いわば、昭和62年答申と平成9年答申を簡潔に統合したような印象を受けるのではないでしょうか。

> ○優れた教師の条件には様々な要素があるが、大きく集約すると次の3つの要素が重要である。
>
> ①教職に対する強い情熱
>
> 　教師の仕事に対する使命感や誇り、子どもに対する愛情や責任感などである。
>
> 　また、教師は、変化の著しい社会や学校、子どもたちに適切に対応するため、常に学び続ける向上心を持つことも大切である。
>
> ②教育の専門家としての確かな力量
>
> 　「教師は授業で勝負する」と言われるように、この力量が「教育のプロ」のプロたる所以である。この力量は、具体的には、子ども理解力、児童・生徒指導力、集団指導の力、学級作りの力、学習指導・授業作りの力、教材解釈の力などからなるものと言える。
>
> ③総合的な人間力
>
> 　教師には、子どもたちの人格形成に関わる者として、豊かな人間性や社会性、常識と教養、礼儀作法をはじめ対人関係能力、コミュニケーション能力などの人格的資質を備えていることが求められる。また、教師は、他の教師や事務職員、栄養職員など、教職員全体と同僚として協力していくことが大切である。

　次に、「教職生活の全体を通じた教員の資質能力の総合的な向上方策について（平成24年8月28日中央教育審議会答申）」です。これからの教員に求められる資質能力について以下のように整理しています。「探求」「協働」「チーム」「地域」など、平成30年現在の教育を語る上で欠かせないキーワードが続々と登場しており、教育をめぐる状況の変化が反映されているように感じられるのではないでしょうか。

> （ⅰ）教職に対する責任感、探究力、教職生活全体を通じて自主的に学び続ける力（使命感や責任感、教育的愛情）
>
> （ⅱ）専門職としての高度な知識・技能

コラム

> ・教科や教職に関する高度な専門的知識（グローバル化、情報化、特別支援教育その他の新たな課題に対応できる知識・技能を含む）
> ・新たな学びを展開できる実践的指導力（基礎的・基本的な知識・技能の習得に加えて思考力・判断力・表現力等を育成するため、知識・技能を活用する学習活動や課題探究型の学習、協働的学びなどをデザインできる指導力）
> ・教科指導、生徒指導、学級経営等を的確に実践できる力
> （ⅲ）総合的な人間力（豊かな人間性や社会性、コミュニケーション力、同僚とチームで対応する力、地域や社会の多様な組織等と連携・協働できる力）

　最後に紹介するのは、「これからの学校教育を担う教員の資質能力の向上について〜学び合い、高め合う教員育成コミュニティの構築に向けて〜（平成27年12月21日中央教育審議会答申）」です。この平成27年答申では、教員に求められる資質能力が以下のように述べられており、ここまで見てきた約30年間の軌跡を総まとめした上で、多様化・複雑化した現在の学校に必要な教員の資質能力を整理しているような内容となっています。

> 　教員が備えるべき資質能力については、例えば使命感や責任感、教育的愛情、教科や教職に関する専門的知識、実践的指導力、総合的人間力、コミュニケーション能力等がこれまでの答申等においても繰り返し提言されてきたところである。これら教員として不易の資質能力は引き続き教員に求められる。
> 　**今後、改めて教員が高度専門職業人として認識されるために、学び続ける教員像の確立が強く求められる。** このため、これからの教員には、自律的に学ぶ姿勢を持ち、時代の変化や自らのキャリアステージに応じて求められる資質能力を、生涯にわたって高めていくことのできる力も必要とされる。
> 　また、変化の激しい社会を生き抜いていける人材を育成していくためには、教員自身が時代や社会、環境の変化を的確につかみ取り、その時々の状況に応じた

コラム

適切な学びを提供していくことが求められることから、教員は、常に探究心や学び続ける意識を持つこととともに、情報を適切に収集し、選択し、活用する能力や知識を有機的に結びつけ構造化する力を身に付けることが求められる。

　さらに、子供たち一人一人がそれぞれの夢や目標の実現に向けて、自らの人生を切り開くことができるよう、これからの時代に生きる子供たちをどう育成すべきかについての目標を組織として共有し、その育成のために確固たる信念をもって取り組んでいく姿勢が必要である。

　一方、学校を取り巻く課題は極めて多種多様である。いじめ・不登校などの生徒指導上の課題や貧困・児童虐待などの課題を抱えた家庭への対応、キャリア教育・進路指導への対応、保護者や地域との協力関係の構築など、従来指摘されている課題に加え、さきに述べた新しい時代に必要な資質能力の育成、そのためのアクティブ・ラーニングの視点からの授業改善や道徳教育の充実、小学校における外国語教育の早期化・教科化、ICTの活用、インクルーシブ教育システムの構築の理念を踏まえた、発達障害を含む特別な支援を必要とする児童生徒等への対応、学校安全への対応、幼小接続をはじめとした学校間連携等への対応など、新たな教育課題も枚挙にいとまがなく、一人の教員がかつてのように、得意科目などについて学校現場で問われる高度な専門性を持ちつつ、これら全ての課題に対応することが困難であることも事実である。

　そのため、**教員が上記のように新たな課題等に対応できる力量を高めていくのみならず、「チーム学校」の考え方の下、教員は多様な専門性を持つ人材と効果的に連携・分担し、教員とこれらの者がチームとして組織的に諸課題に対応するとともに、保護者や地域の力を学校運営に生かしていくことも必要**である。このため教員は、校内研修、校外研修など様々な研修の機会を活用したり自主的な学習を積み重ねたりしながら、学校作りのチームの一員として組織的・協働的に諸課題の解決のために取り組む専門的な力についても醸成していくことが求められる。

　また、平成27年答申では、こうした資質能力を教員に身に付けさせるべ

コラム

く、教員の養成・採用・研修を一体的に改革するための具体的な方策を提示していますが、その中で特に重要な内容である、平成28年に教育公務員特例法を改正して仕組みを創設した、任命権者である教育委員会が策定する校長・教員の職責、経験及び適性に応じて向上を図るべき校長・教員としての資質に関する指標(以下「指標」という)と、この指標を定めるに当たって参酌される文部科学大臣が策定する指針(以下「指針」という)について簡単に紹介します。

現在、学校現場では、教員が様々な複雑かつ困難な教育課題や「主体的・対話的で深い学び」へと向かう新学習指導要領に対応できるようにすることが求められています。加えて、いわゆる団塊世代の大量退職とこれに伴う若手教員の大量採用により経験の浅い教員が増えています。こうした状況にあっては、国・教育委員会・学校・大学等が連携・協力し、体系的な教員の養成・研修を行うことが必要であり、このために教員の育成に関する目標が関係者間で共有され、この目標に基づき教員の研修計画が策定され、効率的・効果的な研修が実施されることが非常に重要になっています。

こうした目標は、教員や学生が、自らが位置する段階において身に付けるべき資質能力の具体的目標でもあり、また、さらに高度な段階を目指し、効果的・継続的な学習に結び付けるための目標でもあることから、教員のキャリアステージに応じて求められる能力を明確化したもの、すなわち、教員育成の「指標」として定める必要があります。

従前、こうした指標は多くの教育委員会において策定されておらず、策定されていてもその内容は多種多様であったことから、**平成28年に教育公務員特例法を改正し、全国的な制度として各教育委員会等が指標を策定することとした**のです(教育公務員特例法第22条の3)。また、高度専門職業人としての教員に共通して求められる資質能力、社会構造の変化の中にあって全国を通じて配慮すべき事項、キャリアステージに応じて最低限身に付けるべき能力などについては、各教育委員会が指標を策定するに当たって全国共通に踏まえるべきも

のであることから、**任命権者が指標を策定する際に参酌すべきものとして、文部科学大臣が策定する指針が制度化されました**（同法第22条の２）。

　平成30年３月現在、各教育委員会においては、すでに指標を策定済みであったり、策定の準備が進められているところです。指標は、まさにその地域の教員が身に付けるべき資質能力を示しているものですので、ぜひ御自分の都道府県等の指標を見てみてください。また、文部科学大臣による指針は、平成29年３月に「公立の小学校等の校長及び教員としての資質の向上に関する指標の策定に関する指針（平成29年文部科学省告示第55号）」として告示されており、文部科学省の教員の資質能力に関する考え方が示されているものになっていますので、こちらも時間のあるときにお目通しいただければと思います。

　さて、少々長くなってしまいましたが、いかがだったでしょうか。この約30年間、教員に求められる資質能力は、不変である部分が大切にされつつも、激しく変化する経済社会にあって子供に必要な能力を身に付けさせるべく、進化してきたことがお分かりいただけたと思います。

　そして最後に、少し趣向が異なりますが、筆者が大事にしている20世紀アメリカの教育者ウィリアム・アーサー・ワードによる理想の教師像に関する格言を紹介して本コラムを終わりにしたいと思います。

> The mediocre teacher tells.
> The good teacher explains.
> The superior teacher demonstrates.
> **The great teacher inspires.**
>
> 凡庸な教師はただしゃべるだけ。
> 少しましな教師は理解させようとする。
> 優れた教師は自らやってみせる。
> **最高の教師は子どもの心に火を点ける。**

　読者の皆様は、理想の教師像について、どうお考えになるでしょうか。

第6講
教員以外の多様な専門スタッフのマネジメント

【キーワード】
◎チームとしての学校　◎専門スタッフ　◎部活動指導員　◎ＡＬＴ
◎民間委託　◎労働者派遣契約　◎請負契約　◎偽装請負

問題

問１　Ａ中学校において、テニス部の顧問にあてる適任の教員がおらず、テニス経験のある部活動指導員を活用することを検討しているが、部活動指導員を部活動の顧問にしたり、大会や練習試合等の学校外での活動の引率を単独で行わせることは可能か。

問２　Ｂ小学校において、週に１回、ＪＥＴプログラムにより任用されたオーストラリア人の外国語指導助手（以下「ＡＬＴ」という）が教育委員会から派遣されているが、このＡＬＴに対し、校長は職務命令を発することができるのか。

　また、ＡＬＴの業務を民間委託している教育委員会もあるが、その場合どのような点に留意が必要か。

☞問題のポイント

問１
○学校教育法施行規則第78条の２に規定する部活動指導員は、部活動における実技指導に従事することはもちろん、部活動の責任者である顧問を行うよう校長が命じることも可能である。ただし、部活動指導員は、あらゆる

職務を単独で行うのではなく、部活動の顧問である教諭等と、日常的に指導内容や生徒の様子等について情報共有を行うなど、十分に連携しながら職務を遂行する必要がある。
○大会や練習試合等の学校外での活動の引率についても、部活動指導員に単独で引率を行わせることが可能であるが、事故が発生した場合の対応等について、顧問である教諭等と十分に連携する必要がある。

問2
○ＡＬＴが地方公共団体の職員として任用されている場合には、校長は上司として職務命令を発することが可能である。
○ＡＬＴの業務を民間委託する場合には、主に労働者派遣契約による労働者派遣である場合と、請負契約による業務請負である場合とが考えられる。
○労働者派遣契約による労働者派遣である場合は、直接任用の場合と同様、校長がＡＬＴに対し指揮命令することができるが、請負契約による業務請負である場合は、校長が直接ＡＬＴに対し指揮命令することはできない。
○校長は、契約形態に応じ、労働法制を遵守し、ＡＬＴが学校において適切に業務を遂行できるようにする必要がある。

問題の背景

　新学習指導要領の全面実施を見据え、「主体的・対話的で深い学び」へ向けた授業改善や「カリキュラム・マネジメント」を通じた組織運営改善が必要とされる中、いじめ・不登校などの生徒指導上の課題や特別支援教育の充実への対応など、学校の抱える課題は複雑化・多様化しています。また、わが国の教員は、学習指導、生徒指導、部活動等、幅広い業務を担い、子供たちの状況を総合的に把握して指導を行う点に特徴があり、このことは国際的にも評価されていますが、すでに先のCOFFEE BREAKで紹介したように、平成28年に文部科学省が公表した教員勤務実態調査の結果においても、教員の長時間勤務は看過できない深刻な状況にあるといえます。図1に示すよう

第6講　教員以外の多様な専門スタッフのマネジメント

図1　国際教員指導環境調査（TALIS2013）の結果における
　　　教員の1週間当たりの勤務時間

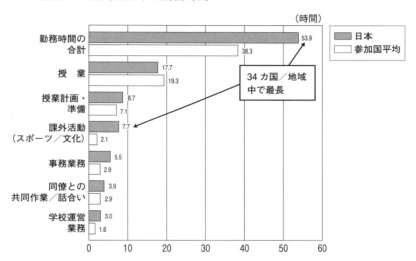

※調査対象は中学校及び中等教育学校前期課程の校長及び教員、調査時期は平成25年2月中旬〜
　3月中旬。　　　　　　　　　　　　　　　　　　（文部科学省ホームページを参考に作成）

に、わが国の教員の勤務時間の合計は、国際調査においても参加国／地域中で最長となっています。

　このような状況に対応していくために、平成27年12月の中央教育審議会答申「チームとしての学校の在り方と今後の改善方策について」（以下「チーム学校答申」という）においては、「個々の教員が個別に教育活動に取り組むのではなく、学校のマネジメントを強化し、組織として教育活動に取り組む体制を創り上げるとともに、必要な指導体制を整備することが必要である。その上で、生徒指導や特別支援教育等の充実を図るために、学校や教員が、心理や福祉等の専門家や専門機関と連携・分担する体制」を整備する必要があるとしており、**教員以外の「専門スタッフ」の専門性を活用することが、そのような「チームとしての学校」を実現する上での中核的方策**の一つとされています。

127

第6講 教員以外の多様な専門スタッフのマネジメント

今後は、教員が学習指導・生徒指導で主たる役割を果たす指導形態を基本としつつも、スクールカウンセラー、スクールソーシャルワーカー、部活動指導員、ICT支援員、学校司書、ALT（外国語指導助手）、補習等の教育活動を充実させるためのサポートスタッフ、医療的ケアを行う看護師、特別支援教育支援員、外国人児童生徒支援員などの**専門スタッフを地域や学校の実情を踏まえながら活用することで、学校の機能を強化すること**が必要です。

また、**図2**に示すように、わが国の学校は、欧米諸国と比較して、教員以外の専門スタッフの配置が少なく、教員の負担軽減の観点からも、第2講で紹介したような、地域住民や保護者の協力を得ることに加えて、専門スタッフを活用することが重要になります。

このような問題の背景を踏まえ、本講では、実際に学校で専門スタッフを

図2　教職員総数に占める教員以外の専門スタッフの割合

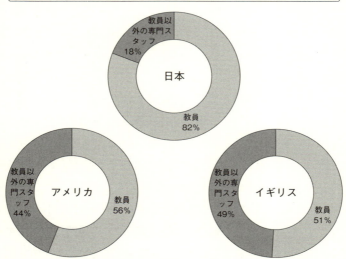

（出典：平成27年度学校基本調査、"Digest of Education Statistics 2014"、"School Workforce in England November 2013"）

活用する場合の留意点等について、部活動指導員とＡＬＴを題材として考えていきましょう。

問１では、昨今、部活動が教員の長時間勤務の一因として頻繁に指摘される中で、その活用が特に注目されている部活動指導員を扱います。教員の長時間勤務の要因であることに加え、顧問である教員に担当する競技等の経験がないために専門的な指導が難しい部活動が多くみられる中、平成29年３月に学校教育法施行規則が改正され、部活動指導員が制度化されました。問１では、この部活動指導員の制度や活用に当たっての留意点等について考えましょう。

問２では、後述の「豆知識」でも紹介するように、多くの配置実績を有する主要な専門スタッフであるＡＬＴを扱います。ＡＬＴは学校もしくは教育委員会に配属され、日本人の外国語担当教員の助手として職務に従事したり、教育教材の準備や英語研究会のような課外活動などに従事する専門スタッフです。ＡＬＴはすでに教育現場に定着しつつある専門スタッフといえますが、平成32年度から、小学校３・４年生の外国語活動が必修化、小学校５・６年生は外国語が教科化される中で、ＡＬＴによる指導体制を質・量ともに充実させることが課題となっているところです。問２では、知っているようで意外と知らないＡＬＴという専門スタッフの位置付けについて確認していきましょう。また、ＡＬＴ業務の民間委託が多くの地方公共団体で行われていますが、その契約形態をめぐって、一部が「偽装請負」であるとして都道府県労働局から指導されるなどの問題になっていますので、この法的論点についてもふれたいと思います。

なお、今後、より多くの専門スタッフや地域住民が学校で働くようになるということは、教員とは異なる多様性を学校組織内に受け入れるということであり、「チームとしての学校」の校長には、一層のリーダーシップとマネジメント力、すなわち、多様な専門性をもった職員を統合し、共通の目標に向かって動かす能力や、学校内に協働の文化を創る能力が求められるようになることにも留意する必要があります。

第6講　教員以外の多様な専門スタッフのマネジメント

関係法令の基礎知識

（1）専門スタッフの位置付け

まずは、学校における様々な職の法的な位置付けを概観しましょう。学校における職の種類及び職務内容は、学校教育法を中心にして表1のように規定されています。

表1　学校に置かれる主要な職

職名	職務規定（根拠条文に則して記述）	根拠条文	設置の要否 小・中	高校	特別支援
校長	校務をつかさどり、所属職員を監督する。	学校教育法第37条第4項等	○	○	○
副校長	校長を助け、命を受けて校務をつかさどる。	学校教育法第37条第5項等			
教頭	校長および副校長を助け、校務を整理し、および必要に応じ児童生徒の教育をつかさどる。	学校教育法第37条第7項等	△	△	△
主幹教諭	校長、副校長、教頭を助け、命を受けて校務の一部を整理し、並びに児童生徒の教育をつかさどる。	学校教育法第37条第9項等			
指導教諭	児童生徒の教育をつかさどり、並びに教諭そのほかの職員に対して、教育指導の改善および充実のために必要な指導および助言を行う。	学校教育法第37条第10項等			
教諭	児童生徒の教育をつかさどる。	学校教育法第37条第11項等	○	○	○
講師	教諭に準ずる職務に従事する。	学校教育法第37条第16項等	◇	◇	◇
養護教諭	児童生徒の養護をつかさどる。	学校教育法第37条第12項等	○		○
栄養教諭	児童生徒の栄養の指導および管理をつかさどる。	学校教育法第37条第13項等			
学校給食栄養管理者	学校給食の栄養に関する専門的事項をつかさどる。	学校給食法第7条			
学校医・学校歯科医・学校薬剤師	学校における保健管理に関する専門的事項に関し、技術および指導に従事する。	学校保健安全法第23条	○	○	○
実習助手	実験または実習について、教諭の職務を助ける。	学校教育法第60条第4項	—		

技術職員	技術に従事する。	学校教育法第60条第6項	—		
寄宿舎指導員	寄宿舎における幼児、児童または生徒の日常生活上の世話および生活指導に従事する。	学校教育法第79条第2項	—	—	○ ※
事務職員	事務をつかさどる。	学校教育法第37条第14項等	△	○	△
学校用務員	学校の環境の整備そのほかの用務に従事する。	学校教育法施行規則第65条			
スクールカウンセラー	学校における児童生徒の心理に関する支援に従事する。	学校教育法施行規則第65条の2			
スクールソーシャルワーカー	学校における児童生徒の福祉に関する支援に従事する。	学校教育法施行規則第65条の3			
部活動指導員	学校におけるスポーツ、文化、科学等に関する教育活動（学校の教育課程として行われるものを除く。）に係る技術的な指導に従事する。※小学校には準用されない。	学校教育法施行規則第78条の2			

○：必ず置かなければならない職員、△：特別の事情がある場合には置かないことができる職員、
◇：教諭等に代えて置かれる職員、無印：任意で設置することができる職員
※寄宿舎がある場合

　このように、学校教育法等において多くの職が位置付けられていますが、「チームとしての学校」を推進する観点からは、平成29年に学校教育法上の職務規定が改正された事務職員、同じく平成29年に学校教育法施行規則の改正により新たに職務が規定された、専門スタッフであるスクールカウンセラー、スクールソーシャルワーカー、部活動指導員に注目する必要があります。

　事務職員の職務規定については、従前、「事務に従事する」とされていた規定を「事務をつかさどる」と改正しました。これは、学校マネジメントの中核となる校長、教頭等の負担が増加する状況にあって、学校組織における唯一の総務・財務等に通じる専門職である事務職員の職務を見直すことにより、管理職や他の教職員との適切な業務の連携・分担の下、その専門性を生かして学校の事務を一定の責任をもって自己の担任事項として処理することとし、より主体的・積極的に校務運営に参画することを目指したものです。

　また、主要な専門スタッフであるスクールカウンセラー、スクールソーシャルワーカーについては、すでに文部科学省による補助事業等により配置が

促進されてきていますが、チーム学校答申において「学校等において必要とされる標準的な職務として、職務内容等を法令上、明確化することを検討する」としており、これも踏まえ、**部活動指導員とともに学校教育法施行規則において規定されることとなりました**。スクールカウンセラー、スクールソーシャルワーカーについては、チーム学校答申において「国は、将来的には学校教育法等において正規の職員として規定するとともに、公立義務教育諸学校の学級編制及び教職員定数の標準に関する法律において教職員定数として算定し、国庫負担の対象とすることを検討する」ともされており、今後、資質の確保を行いつつ、平成31年度までにスクールカウンセラーを全公立小中学校（27,500校）に、スクールソーシャルワーカーを全中学校区（約１万人）に配置するという国の目標に向けて取り組むとともに、中長期的な学校における標準的な専門スタッフの在り方についても検討が深められていくことになると考えられます。

　一方で、ＡＬＴをはじめとするその他の専門スタッフについては、現状、法令に個別に規定されているものではありません。

　それでは、法令に個別に規定されていない専門スタッフは、法令上どのような位置付けにあると考えればよいでしょうか。次の条文を見てみましょう。

> ○学校教育法
> 第37条　（略）
> 　2　小学校には、前項に規定するもののほか、副校長、主幹教諭、指導教諭、栄養教諭その他必要な職員を置くことができる。
> 　3～19　（略）

　法令に個別に規定されていない**専門スタッフは、この条文でいうところの「その他必要な職員」であると考えることができます**（中学校、高等学校等についても同様）。なお、これらの職員は「置くことができる」、すなわち、**任意で置くものである**ため、教育委員会が専門スタッフを学校に置かなかっ

たとしても、法令違反になるものではありません。

> **豆知識**
>
> ◎近年になって創設された職
>
> 　学校教育法等において規定されている職には、それぞれの歴史と背景があり、本講では部活動指導員等の近年の法令改正によるものを紹介していますが、学校教育法第37条第2項に列挙されている「副校長」「主幹教諭」「指導教諭」「栄養教諭」も比較的近年の法改正により創設された職です。
>
> 　副校長、主幹教諭、指導教諭の3つの職は、学校の組織運営体制や指導体制の充実を図るため、学校教育法の改正により、平成20年度から教育委員会の判断により設置することができるようになっています（主幹教諭と主任の違いは本講のコラムを参照）。とりわけ、副校長と主幹教諭については、学校の課題が複雑化・多様化し、学校マネジメントの難度が高くなっている中で、校長とともに組織的な学校運営に参画する重要な職となりつつあり、平成29年4月現在で副校長は3,812人、主幹教諭は21,036人、指導教諭は2,499人となっています（文部科学省調べ）。
>
> 　また、栄養教諭は、学校における食育指導と学校給食の管理の一体化と充実を図るため、学校教育法の改正により、平成17年度から教育委員会の判断により設置することができるようになっている職であり、平成28年5月現在で5,765人となっています（文部科学省調べ）。

（2）部活動指導員

　次に、問1で扱う部活動指導員について紹介します。「問題の背景」においてもふれたように、教員の長時間勤務の実態が深刻な状況にある中、**中学**

校や高等学校においては部活動指導がその要因の一つとして**頻繁に指摘**されており、とりわけ、文部科学省による教員勤務実態調査（平成28年度）の結果によれば、中学校教諭の部活動に係る1日当たり勤務時間は、土日で1時間4分増加（平成18年度：1時間6分→平成28年度：2時間10分）とほぼ倍増していることが明らかとなっています。また、運動部活動については、顧問のうち、保健体育以外の教員で、担当する部活動の競技経験がない者が中学校で約46％、高等学校で約41％（（公財）日本体育協会「学校運動部活動指導者の実態に関する調査（平成26年）」）となっており、**専門的な指導が難しい状況**があります。さらに、一部の部活動については、これまでも顧問の教諭等と連携・協力しながら部活動のコーチ等として技術的な指導を行う外部指導者が活用されてきましたが、部活動の指導者に関するルール等については全国的な基準は存在せず、その位置付けや実態は多種多様であり、部活動中の事故等に対する責任の所在が不明確であることなどから、**外部指導者だけでは大会等に生徒を引率することができない**などの課題も指摘されてきました。

こうした実態を踏まえ、平成29年に学校教育法施行規則が改正され、中学校、高等学校等において、校長の監督を受け、部活動の技術指導や大会への引率等を行うことを職務とする部活動指導員が新たに規定されました。

○学校教育法施行規則

（部活動指導員）

第78条の2　部活動指導員は、中学校におけるスポーツ、文化、科学等に関する教育活動（中学校の教育課程として行われるものを除く。）に係る技術的な指導に従事する。

また、平成29年12月の中央教育審議会中間まとめ「新しい時代の教育に向けた持続可能な学校指導・運営体制の構築のための学校における働き方改革に関する総合的な方策について」（以下「働き方改革中間まとめ」という）においては、部活動の在り方について、「**学校の業務として行う場合であっ**

ても、必ずしも教師が担わなければならない業務ではない」とされ、部活動指導員等の教員以外の者が部活動指導を担うことを積極的に検討すべきであるとされています。文部科学省においても、平成30年度以降、補助事業により部活動指導員の配置を加速させることとしており、部活動指導員の導入により、**教員の部活動指導に係る時間を軽減し、教材研究等の授業改善や学校が抱えるその他の課題に対応する時間を確保するとともに、経験のない競技等の指導による心理的負担の軽減にも資する**ことが期待されます。

　部活動指導員には、指導する部活動に係る専門的な知識・技能を有する者を任用することにより、部活動の質的な向上にも資することが期待されますが、一方で、第4講で紹介したように部活動は学校教育の一環であることも踏まえ、教育課程との関連を図る必要があることや、生徒指導とも密接に関連することから、教諭等と連携を十分に図る必要があります。また、勝利至上主義的な指導ではなく、学校教育の一環としての部活動の指導となるよう、部活動指導員に対する研修を行うことも重要であるなど、部活動指導員の導入に当たっては留意が必要な事項も存在します。

　このような部活動指導員の職務の在り方と留意事項については、文部科学省の通知「学校教育法施行規則の一部を改正する省令の施行について（平成29年3月14日スポーツ庁次長、文化庁次長、文部科学省初等中等教育局長連名通知）」（以下「部活動指導員通知」という）において説明されていますが、その内容については、問1の解説に譲ることとします。

(3) 民間委託できる学校業務

　次に、問2で扱うＡＬＴについて考えていく上での基礎知識を紹介します。まずは、そもそもＡＬＴの業務は法的に民間委託できるのかという点を考えていきましょう。学校の業務のどの部分が民間委託できるかについては、法令上の基準はなく、明確な線引きを行うことは困難ですが、この点を考えるに当たっては、総務省の「地方公共団体における民間委託の推進等に関する研究会報告書（平成19年3月）」が参考になります。

本報告書では、「地方公共団体が提供している公共サービスには、民間が効率的・効果的に実施できる場合に民間委託を推進することが法令上可能な業務と、行政自らが執行することとなっている業務（法令上民間委託が不可能な業務）が存在する。また、法令上は民間委託が不可能とはいえない業務であっても、業務の性質などから民間委託に適さないと考えられる業務も存在する。」としています。その上で、民間委託に適さない業務について、以下の3点に整理しています。

> ①法令によって、行政自らが実行すべきものとされている業務
> ②相当程度の裁量を行使することが必要な業務
> ③地方公共団体の行う統治作用に深く関わる業務
> （「地方公共団体における民間委託の推進等に関する研究会報告書」より筆者作成）

それでは、ＡＬＴの業務について、①～③に照らして考えてみましょう。まず、ＡＬＴの業務を行政自らが実行すべきものとしている法令はありませんから、①は当てはまりません。また、一般的に、ＡＬＴの業務は、担当教員が行う外国語授業の補助をするものです。したがって、ＡＬＴが業務の遂行に当たって相当程度の裁量を行使したり、その業務が地方公共団体の行う統治作用に深く関わる業務であるとは考えられないので、②、③にも当てはまるものではないといえるでしょう。

こう考えると、**ＡＬＴの業務は民間委託することが可能であると捉えることができます**。なお、ＡＬＴの業務のほか、例えば、学校用務業務や給食調理業務についても、①～③にあてはまるものではなく、民間委託することが可能であり、148ページの**表2**のように実態としても民間委託が相当程度進んでいます。

（4）ＡＬＴの契約形態

（3）において、ＡＬＴの業務が民間委託可能なものであることを確認しましたが、それでは、民間委託する場合もしない場合も含め、教育委員会が

ALTと契約するに当たっては、どのような契約形態があるのでしょうか。以下、①直接任用（図3）、②労働者派遣契約（図4）、③請負契約（図5）にわけて解説していきましょう。

①**直接任用（図3）**

直接任用とは、ALT本人と教育委員会とが直接雇用関係を結ぶものをいいます。直接任用の場合には、ALTは**特別職非常勤職員（平成32年度以降は一般職の会計年度任用職員）**（「豆知識」参照）として任用されることが一般的と考えられ、いずれにせよALTが地方公共団体の職員（地方公務員）として学校に配置される以上、校長は上司として指揮命令することができ、当然、**職務命令を発することができます。**

また、直接任用のALTについては、**JETプログラムによる採用**と、**それ以外の採用（いわゆるnon-JET ALT）**に分けることができます。

JETプログラムとは、昭和62年度に開始された語学指導等を行う外国青年の招致事業のことであり、地方公共団体が文部科学省、総務省、外務省、一般財団法人自治体国際化協会などの協力の下に実施しているものです。JETプログラムの参加希望者に対する選考は日本の在外公館で行われ、合格した場合には各地方公共団体の特別職非常勤職員（平成32年度以降は一般職の会計年度任用職員）として任用されることが一般的です。

図3　直接任用

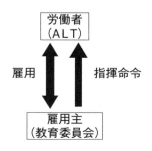

> **豆知識**
>
> ◎会計年度任用職員制度への移行
> 　ＡＬＴが平成30年3月現在、「特別職非常勤職員」として地方公共団体から任用されていることが多いと紹介しましたが、地方公務員の臨時・非常勤職員が地方行政の重要な担い手となっている中、臨時・非常勤職員の適正な任用・勤務条件を確保することを目的として、平成29年に地方公務員法が改正され、平成32年度より「一般職の会計年度任用職員制度」を創設し、任用、服務規律等の整備を図るとともに、特別職非常勤職員や臨時的任用職員の任用要件の厳格化を行い、必要な職員については、会計年度任用職員制度への移行が図られることとなりました。
> 　教育分野では、現状、ＡＬＴ以外にも講師、スクールカウンセラー、部活動指導員など多くの職員を特別職非常勤職員等として任用していることから、今般の地方公務員制度改革により最も大きな影響を受ける分野になるといっても過言ではありません。今後、各教育委員会においては、首長部局と連携しつつ、実態の把握、任用根拠の明確化・適正化、条例改正等の会計年度任用職員制度の整備に向けた準備が進められることになりますので、円滑な移行をすることができるよう、その動向を注視するようにしてください。

②労働者派遣契約（図4）

　労働者派遣契約は、**労働者派遣事業の適正な運営の確保及び派遣労働者の保護等に関する法律**（以下「労働者派遣法」という）に基づく契約形態であり、派遣元である人材会社などの民間企業と派遣先である教育委員会が労働者派遣契約を結ぶこととなります。この契約に基づき、派遣元である民間企業は、自社と雇用関係にあるＡＬＴを派遣先である教育委員会が所管する学校に派遣します。

第6講　教員以外の多様な専門スタッフのマネジメント

図4　労働者派遣契約

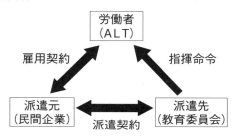

　労働者派遣法に基づく労働者派遣は、同法において、自己（民間企業）の雇用する労働者（ＡＬＴ）を、**他人（教育委員会・学校）の指揮命令を受けて、当該他人のために労働に従事させること**と定義されており（第2条第1号）、派遣先である教育委員会は、労働者派遣契約の範囲内においてＡＬＴを指揮命令することができ、教育委員会の部下である**校長もまた、学校に派遣されたＡＬＴに対し、職務命令を発することを含む指揮命令をすることができます。**

　また、労働者派遣法上、派遣先である教育委員会は派遣労働者であるＡＬＴに対し一定の責務を負うこととなりますが、このうち、**教育委員会とともに校長も留意すべき点**を紹介します。

　まず、労働者派遣法第40条第1項により、派遣労働者からの苦情の申出については、派遣元との密接な連携の下、誠意をもって遅滞なく、**適切かつ迅速な処理を図らなければならない**こと、同条第3項により、派遣先は、当該派遣先に雇用される労働者に対して利用の機会を与える福利厚生施設のうち、**給食施設、休憩室、更衣室については、その指揮命令の下に労働させる派遣労働者に対しても、利用の機会を与えるよう配慮しなければならない**こと、同条第4項により、**派遣就業が適正かつ円滑に行われるために、適切な就業環境の維持など必要な措置を講ずる**よう努めなければならないことが定められています。

　次に、労働基準法上の諸規定に基づく義務については、原則的な責任主

139

体は派遣元の民間企業となりますが、**労働時間管理を含む労働時間・休憩・休日などの規定に基づく義務は派遣先に課される**こととなります。さらに、労働安全衛生法の諸規定に基づく義務についても、原則的な責任主体は派遣元の民間企業ですが、派遣労働者が派遣先においてその指揮命令の下に就労していることから、派遣先も、**職場における労働安全衛生を確保する一般的責務や衛生管理の責任を負う**こととなります。

　派遣先である学校の責任者たる校長は、派遣労働者であるＡＬＴの労務管理について、教育委員会と連携しながら、適切に対応する必要があります。

　なお、問題との関係は直接ありませんので詳論はしませんが、労働者派遣によるＡＬＴの派遣については、従前、同一の学校で３年を超える派遣受入はできないこととされていましたが、労働者派遣法の改正により、平成27年10月以降、一定の要件の下、ＡＬＴが代われば同一の学校でも３年を超えて派遣受入が可能となり、また、同じ教育委員会の管下であっても異なる学校に勤務することとなれば同一のＡＬＴについて３年を超えて派遣受入ができるようになっています。労働者派遣によるＡＬＴの活用を増加させる可能性がある制度改正ですので、留意するようにしてください。

○労働者派遣事業の適正な運営の確保及び派遣労働者の保護等に関する法律
（用語の意義）
第２条　この法律において、次の各号に掲げる用語の意義は、当該各号に定めるところによる。
　一　労働者派遣　自己の雇用する労働者を、当該雇用関係の下に、かつ、他人の指揮命令を受けて、当該他人のために労働に従事させることをいい、当該他人に対し当該労働者を当該他人に雇用させることを約してするものを含まないものとする。
　二・三　（略）

第6講　教員以外の多様な専門スタッフのマネジメント

（適正な派遣就業の確保等）

第40条　派遣先は、その指揮命令の下に労働させる派遣労働者から当該派遣就業に関し、苦情の申出を受けたときは、当該苦情の内容を当該派遣元事業主に通知するとともに、当該派遣元事業主との密接な連携の下に、誠意をもって、遅滞なく、当該苦情の適切かつ迅速な処理を図らなければならない。

2　（略）

3　派遣先は、当該派遣先に雇用される労働者に対して利用の機会を与える福利厚生施設であつて、業務の円滑な遂行に資するものとして厚生労働省令で定めるものについては、その指揮命令の下に労働させる派遣労働者に対しても、利用の機会を与えるように配慮しなければならない。

4　前3項に定めるもののほか、派遣先は、その指揮命令の下に労働させる派遣労働者について、当該派遣就業が適正かつ円滑に行われるようにするため、適切な就業環境の維持、診療所等の施設であつて現に当該派遣先に雇用される労働者が通常利用しているもの（略）の利用に関する便宜の供与等必要な措置を講ずるように努めなければならない。

5・6　（略）

③請負契約（図5）

　請負契約は、**民法第632条に基づく契約形態**であり、**請負業者である人材会社などの民間企業と注文主である教育委員会との間で結ばれる**こととなります。この請負契約に基づき、**請負業者である民間企業は、自社と雇

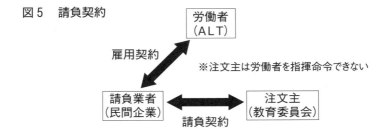

図5　請負契約

用関係にあるＡＬＴに、注文主である教育委員会が所管する学校で業務を遂行させることになります。

○民法
（請負）
第632条　請負は、当事者の一方がある仕事を完成することを約し、相手方がその仕事の結果に対してその報酬を支払うことを約することによって、その効力を生ずる。

　ここまでの説明では、請負契約は、契約の構造が労働者派遣契約と類似しているように思われますが、それでは、請負契約と労働者派遣契約では、具体的に何が異なるのでしょうか。

　それは、請負契約の場合、「当事者の一方がある仕事を完成することを約し、相手方がその仕事の**結果**に対してその報酬を支払うことを約する」ものであることから、**注文主である教育委員会及びその部下である校長は、請負業者が雇用しているＡＬＴに対し、業務遂行の過程で指揮命令をすることはできない**点です。

　ＡＬＴに対して指揮命令を行うことができるのは、その雇用主である請負業者であり、ＡＬＴの業務の遂行に当たって指示を出す場合、校長は、直接ＡＬＴに対して行うことはできず、請負業者である民間企業に伝達し、当該民間企業を通じてＡＬＴに指示させる必要があります。このため、**契約上は請負契約であるにもかかわらず、実態として労働者派遣契約のように校長や担当教員がＡＬＴに対して直接指揮命令している場合、いわゆる「偽装請負」として、違法行為となります。**

　また、請負契約の場合、**ＡＬＴの労務管理の責任主体は、請負業者である民間企業となります**。労働者派遣法上、労務管理について一定の責務が派遣先に課される労働者派遣契約に比べ、注文主側の労務管理コストが低いという請負契約の性質が、請負契約の多用を招き、「偽装請負」が発生する一因となっているとの指摘もあります。

解説

問1　部活動指導員

それでは、「関係法令の基礎知識」で紹介した内容も踏まえ、問題の解説に入りましょう。

すでに部活動指導員が学校教育法施行規則に位置付けられた背景等については紹介しましたので、部活動指導員通知の内容を確認していきましょう。同通知ではまず、部活動指導員の職務内容として、①実技指導、②安全・障害予防に関する知識・技能の指導、③**学校外での活動（大会・練習試合等）の引率**、④用具・施設の点検・管理、⑤部活動の管理運営（会計管理等）、⑥保護者等への連絡、⑦年間・月間指導計画の作成、⑧生徒指導に係る対応、⑨事故が発生した場合の現場対応、が挙げられています。また、続いて、校長は部活動指導員に**部活動の顧問を命じることができる**旨が明らかにされています。

「関係法令の基礎知識」において、部活動指導員が教諭等と十分に連携する必要性について述べたところですが、その具体的な留意点として、⑦年間・月間指導計画の作成については、「部活動指導員が作成する場合は、学校教育の一環である部活動と教育課程との関連を図るためなど必要に応じ教諭等と連携して作成し、校長の承認を得ること」、⑧生徒指導に係る対応については、「部活動指導員は、部活動中、日常的な生徒指導に係る対応を行うこと。いじめや暴力行為等の事案が発生した場合等には、速やかに教諭等に連絡し、教諭等とともに学校として組織的に対応を行うこと」、⑨事故が発生した場合の現場対応については、「部活動指導員は、事故が発生した場合は、応急手当、救急車の要請、医療機関への搬送、保護者への連絡等を行い、必ず教諭等へ報告すること。特に、重大な事故が発生した場合には、学校全体で協力して対応する必要があるため、直ちに教諭等に連絡すること」とされています。また、これらに関連して、「教諭等の顧問を置かず、部活動指導員のみを顧問とする場合は、当該部活動を担当する教諭等を指定し、

第6講 教員以外の多様な専門スタッフのマネジメント

（中略）年間・月間指導計画の作成、生徒指導、事故が発生した場合の対応等の必要な職務に当たらせること」としています。

さらに、⑦〜⑨の職務に限らず、「**部活動指導員は、当該部活動の顧問である教諭等や（中略）部活動を担当する教諭等と、日常的に指導内容や生徒の様子、事故が発生した場合の対応等について情報共有を行うなど、連携を十分に図ること**」とされており、部活動指導について、**部活動指導員が諸々の職務について単独で行うことを可能としつつも、学校教育活動の一環としての留意事項が示されている**ところです。

なお、大会への引率については、法令上の問題がないことのみをもって可能となるものではなく、従前、外部指導者による引率を限定的にしか認めていなかった、大会の主催者である中体連や高体連、高野連等において部活動指導員による引率を認める旨の関係規定の整備等を行う必要があるところ、すでに文部科学省がこれらの主催者に対し適切な対応について協力を依頼している状況ですので、今後の動向を注視する必要があります。

上記のような事項のほか、部活動指導員の活用に当たっては、学校現場のみならず、教育委員会においても適切な対応を行う必要があります。

部活動指導員通知においては、「部活動指導員に係る規則等を整備すること。当該規則等には、部活動指導員の身分、任用、職務、勤務形態、報酬や費用弁償、災害補償、服務及び解職に関する事項等必要な事項を定めること」としており、特に、災害補償については、部活動指導員を非常勤職員として任用する場合、労働者災害補償保険が適用されることに留意することとしています（労働者災害補償保険法第3条第2項）。

また、部活動が学校教育の一環である以上、当然のことではありますが、教育委員会が部活動指導員を任用するに当たっては、**指導するスポーツや文化活動等に係る専門的な知識・技能のみならず、学校教育に関する十分な理解を有する者とすることも求められます**。

こうした観点からも、教育委員会・学校は、部活動指導員に対し、事前に研修を行うほか、その後も定期的に研修を行うことが必要です。研修におい

ては、部活動が学校教育の一環であること等部活動の位置付けや、部活動が生徒の学習意欲の向上や責任感、連帯感の涵養等に資するものであること等教育的意義のほか、学校全体や各部の活動の目標や方針を熟知すること、生徒の発達の段階に応じた科学的な指導を行うこと、安全の確保や事故発生後の対応を適切に行うこと、生徒の人格を傷つける言動や体罰が禁止されていること、服務規律の徹底（部活動指導員が校長の指揮監督を受けることや、生徒や保護者等の信頼を損なうような行為の禁止等）などについて、部活動指導員に十分に理解させ、その資質を確保することが必要です。

　加えて、部活動に対する生徒や保護者、地域の関心が高いことから、教育委員会・学校は、部活動指導員の配置に当たっては事前に情報提供を行うなど、生徒や保護者等の理解を得るように努めるとともに、教育委員会は、部活動指導員の確保に資するため、地域の体育協会、スポーツ団体、スポーツクラブ等との連携を積極的に図ることも重要です。

　このように、専門スタッフである部活動指導員については、今後大いに活用することが期待されているところですが、**現状、部活動が学校教育の一環であること踏まえれば、単に指導を部活動指導員に任せるのではなく、教育委員会や学校の責任の下、教諭等との十分な連携をはじめとして適切な運用を行うことが必要です。**一方、働き方改革中間まとめにおいては、「教師が授業や授業準備等の教師でなければ担うことのできない業務に注力できるようにするためにも、**将来的には、**地方公共団体や教育委員会において、学校や地域住民と意識共有を図りつつ、地域で部活動に代わり得る質の高い活動の機会を確保できる十分な体制を整える取組を進め、環境が整った上で、部活動を学校単位の取組から地域単位の取組にし、学校以外が担うことも積極的に進めるべき」ともされており、部活動については、**当面は部活動指導員の活用等により教員の負担を軽減させるとともに、部活動の質的向上を図りつつも、その在り方は中長期的にさらに変化していくものと捉えておく必要があるでしょう。**

問2　ALT

　それでは問2に進みましょう。まず、問2の前段ですが、本問のALTはJETプログラムによる任用であるため、教育委員会により直接任用された地方公務員という前提となります。この場合、週1回の勤務であっても、学校の職員であることには変わりありませんので、**校長はALTの上司として職務命令を発することができます**。なお、直接任用された地方公務員であるALTであれば、JETプログラムによらないALTについても同様ですので、念のため。

　次に、問2の後段について考えていきましょう。ALTの業務を民間委託する場合、その契約形態は、「関係法令の基礎知識」で紹介した**労働者派遣契約、請負契約のいずれか**であることが考えられます。

　労働者派遣契約による場合は、直接任用の場合と同様、校長は学校に派遣されたALTに対し、指揮命令することができるとされていましたが、請負契約による場合は、校長はALTに対して直接指揮命令することはできないとされていました。それでは、**「直接指揮命令することはできない」場合、校長は、具体的に何ができ、何ができないのでしょうか**。

　これを考えるに当たっては、文部科学省の通知「外国語指導助手の請負契約による活用について（平成21年8月28日文部科学省初等中等教育局国際教育課長通知）」が参考になります。同通知では、ALTの請負契約による活用について、文部科学省から労働法制を所管する厚生労働省に確認した回答を紹介しています。その回答によれば、ALTが行うティーム・ティーチングについては、「学級担任又は教科等担当教員（以下「担当教員」という。）の指導の下、担当教員が行う授業に係る補助を行う場合（例えば、ALTと担当教員との共同による教材研究・教材作成、学習指導案の立案補助及び授業目標の設定補助・把握、授業の実施の補助等）、担当教員がALTに対して、指導内容や授業の進め方に係る具体的な指示や改善要求、ALTの行う業務に関する評価を行う場合は、いずれも上述の指示等を委託者（教育委員会や学校側）が行うことになり、当該指示等が授業の前後又は授業中に行わ

れるかを問わず労働者派遣に該当するものであり、請負契約では実施できない」とされています。

　ＡＬＴが学校で業務を遂行するに当たって、請負契約であるにも関わらず、実態上、上記のような指揮命令をしていれば、「偽装請負」となります。このため、**学校において、請負契約によりＡＬＴが業務を遂行しているのであれば、この点に十分留意する必要があります**。また、実態上の取扱いに問題があれば、教育委員会と連携し、契約形態を見直すなどの適切な対応を取ることが必要です。

> **豆知識**
>
> ◎ＡＬＴの任用・契約形態の実態
> 　ＡＬＴの任用・契約形態については、以下のようになっています。実態として、請負契約によるものも大きな割合を占めており、「**解説**」で紹介したような留意点が実際に多くの学校に関係する内容であることがおわかりいただけると思います。
> ○ＡＬＴの任用・契約形態別人数（平成28年12月１日現在）
> 　（小学校・中学校・高等学校の合計）
>
> | | |
> |---|---|
> | JETプログラム | 4,521人 |
> | 直接任用 | 2,858人 |
> | 労働者派遣契約 | 2,134人 |
> | 請負契約 | 3,023人 |
>
> （出典：文部科学省調査）

　なお、学校用務業務及び学校給食業務についても、多くの地方公共団体が民間委託を実施しており、その割合は上昇傾向です。これらの業務の民間委託においても、「偽装請負」とならないよう留意が必要です。

第6講 教員以外の多様な専門スタッフのマネジメント

表2　学校用務業務及び学校給食業務の外部委託実施状況（市区町村）

	平成28年4月	平成21年4月
学校用務員事務	34%	26%
学校給食（調理）	64%	49%
学校給食（運搬）	90%	69%

（出典：総務省「市区町村民間委託（事務事業）の実施状況」）

> **コラム**
> # 主幹教諭と主任は何が違うのか?
> ~職と校務分掌~

　平成19年6月の学校教育法の改正により、平成20年度から各教育委員会の判断で、「主幹教諭」を設置することが可能になっています。平成29年4月現在、主幹教諭は56都道府県・指定都市にて21,036人（前年度比254人増）任用されており（文部科学省調べ）、昭和50年から制度化されている主任はもとより、主幹教諭についても、学校現場に定着しつつあります。こうした中で、ここでは混乱しがちな「主幹教諭」と「主任」の違いについて改めて確認したいと思います。

〇学校教育法

第37条　（略）

2～8　（略）

9　主幹教諭は、校長（副校長を置く小学校にあつては、校長及び副校長）及び教頭を助け、命を受けて校務の一部を整理し、並びに児童の教育をつかさどる。

10～19　（略）

〇学校教育法施行規則

第44条　小学校には、教務主任及び学年主任を置くものとする。

2　前項の規定にかかわらず、第4項に規定する教務主任の担当する校務

コラム

> を整理する主幹教諭を置くときその他特別の事情のあるときは教務主任を、第5項に規定する学年主任の担当する校務を整理する主幹教諭を置くときその他特別の事情のあるときは学年主任を、それぞれ置かないことができる。
> 3　教務主任及び学年主任は、指導教諭又は教諭をもつて、これに充てる。
> 4　教務主任は、校長の監督を受け、教育計画の立案その他の教務に関する事項について連絡調整及び指導、助言に当たる。
> 5　学年主任は、校長の監督を受け、当該学年の教育活動に関する事項について連絡調整及び指導、助言に当たる。

　それぞれの根拠条文（いずれも小学校に関わる規定ですが、他の学校種にも適用されています）からは両者の違いが必ずしも明らかではないと思いますが、具体的には次のような点が異なります。

①職務
　主幹教諭の職務は、命を受けて担当する校務について一定の責任をもって取りまとめ、整理するものであり、**他の教諭に対して職務命令を発することができます**。一方、**主任**は担当業務に関わる事項について連絡調整及び指導、助言を行うものであり、**他の教諭に対して職務命令を発することはできません**。

②位置付け
　主幹教諭は、任命権者である都道府県教育委員会等が任命（発令）する「**職**」であり、他の学校に異動しても身分が変わるものではありません。一方、**主任**は教諭等の職をもってあてる**校務分掌**であり、他校に異動すれば、改めて主任を命じる必要があります。

③処遇

　各地方公共団体の給与条例等において、**主幹教諭の給与は教諭より上位の級**（一般的には教諭は2級、主幹教諭は特2級）で処遇されていますが、**主任は1日200円程度の手当が支給されるにとどまります**。

　このような違いがある主幹教諭と主任ですが、改めて両者の違いを表にまとめてみましたので、参考にしてみてください。

　また、両者については、平成29年12月の「働き方改革中間まとめ」の学校組織運営体制の在り方に関する議論において、「学校の規模について、地域の事情等で様々になりつつある現状を踏まえ、学年という単位でのグループ、主任の在り方・役割についても見直す必要があるのではないか」、「管理職とりわけ、教頭・副校長における校務全体の管理の負担軽減を図るためにも業務を個人単位で割り振るのではなく、包括的なグループに分けることを進めるべきではないか。また、このときの責任者となる主幹教諭の役割の明確化と主幹教諭の複数配置等を促進すべきではないか」との意見があるとされており、学校をめぐる状況の変化やより効果的な組織運営を目指す中で、今後、その在り方や役割について、中央教育審議会や文部科学省において見直しや検討が進められることになりますので、動向を注視してください。

コラム

表　主幹教諭と主任の比較

	主幹教諭	主任
職務	〈校長、副校長、教頭の補佐〉 〈担当する校務を整理〉 　担当する校務について、教諭の上司として権限と責任をもって取りまとめを行う（教諭に対して職務命令が可能）。	※職務規定上、校長等を補佐するという規定はない。 〈指導・助言、連絡調整〉 　担当する校務について、教員間の連絡調整及び関係教員に対する指導・助言に当たる（教諭の上司ではない）。
位置付け	・教諭と異なる職であり任命権者（都道府県・指定都市教育委員会）の任命行為が必要。 ・学校を異動しても主幹教諭の身分は変わらない。	・職務命令による校務分掌であり服務監督権者である教育委員会または校長が命じる（職としてはあくまで教諭等）。 ・学校を異動すると、当該学校で担当する校務の内容を踏まえて、改めて主任を命じる。
処遇	教諭とは別の級で処遇	手当で処遇（級は教諭と同じ）
設置	任意設置	原則必置（※）

※原則必置の主任等の種類
　小学校：教務主任、学年主任、保健主事
　中学校：教務主任、学年主任、保健主事、生徒指導主事、進路指導主事
　高等学校：教務主任、学年主任、保健主事、生徒指導主事、進路指導主事、学科主任、農場長、事務長
　進路指導主事と事務長（高等学校）を除く主任は、特別の事情があるときは置かないことができる。
　また、地域や学校の事情を考慮して、必要に応じて校務を分担する主任等を置くことができる。

第7講

教員の「心の病」への対応

【キーワード】
◎精神疾患　◎休職と休暇　◎分限処分　◎受診命令　◎復職プログラム

問題

問1　A教員はここ2か月程度、体調を崩しており、1週間程度の病気休暇を取得し、復帰し、また病気休暇を取得することを繰り返している。校長がA教員に命じて、精神科の診断を受けさせたところ、1年以上の長期の療養を要する統合失調症であると診断された。それにもかかわらず、A教員は再び1週間の病気休暇を取得しようと申請してきたが、校長としてどのように対応すべきか。

問2　精神疾患により休職していたB教員が、医師の「復職可能」の診断書を添えて復職を希望している。

（1）校長は本人との面談を踏まえて、現場への復帰は難しいと考えている。復職は誰がどのように判断するのか。

（2）校長は復職前に週3日出勤のいわゆる復職プログラムを勧めた。この際の留意点は何か。

（3）B教員は復職したものの、不可解な言動を繰り返すなど、以前のように十分に職務を遂行できていない。校長はどのように対応すべきか。

問題のポイント

○校長は教員に医師への受診命令を発することができる。

○「休暇」は教員の申し出を受けて、服務監督権者である教育委員会が認めるもの（実際は校長が専決することとされている場合が多い）。一方、「休

職」は分限処分の一種であることから、休職・復職の可否は、任命権者である都道府県・指定都市教育委員会の権限において判断するもの。
○任命権者である教育委員会が、学校運営上、他の教員をあてることが必要と判断した場合には、病気休暇の申し出があったとしても、休職処分とすることが可能。
○教育委員会で実施している復職プログラムは、勤務時間中ではなく休職期間中に行われるものであり、職務ではないことに留意する必要がある。
○復職後も十分に職務を遂行できない場合、校務分掌で最大限の工夫をする。それでも当該教員が職務を遂行することが困難である場合は人事異動や再度の休職等の対応を行うこととなる。
○学級担任を年度途中で変更することも不可能ではない。

問題の背景

　学校現場におられる方は、近年、教員の心の健康問題が深刻であることを実感していらっしゃるのではないでしょうか。「論より証拠」、データを見てみましょう。

　公立学校における精神疾患による病気休職者数（図１）は、平成28年度において4,891人であり、在職者に占める精神疾患による病気休職者割合は0.53% となっています。精神疾患による病気休職者数は、文部科学省の調査が開始された平成４年度から平成21年度まで連続して増加し続け、ここ数年は5,000人前後で推移しています。社会の中で精神疾患に対する理解が進み、治療開始が早期化していることなどの社会的な要因があるにしても、近年、学校に求められる要求が高まり、仕事の質・量ともに困難になっていることが原因の一つと考えられます。

　この調査は病気休職者数の調査であり、病気休暇取得者数は含まれていないため、心の問題を抱える教員の全体数としては氷山の一角であるともいえます。

図1　教育職員の精神疾患による病気休職者数の推移
（平成18年度～平成28年度）

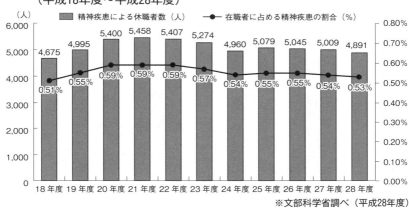

※文部科学省調べ（平成28年度）

　図2の教員の精神疾患による病気休職者の学校種・年代別割合を参照すると、いずれの学校種・年代にも課題があるといえますが、比較的、**学校種については中学校及び特別支援学校が、年代については40代及び50代の割合が大きくなっています。**

　「教職員のメンタルヘルスに関する調査」（平成24年度文部科学省委託調査）によると、職種ごとの強いストレスを感じる事項については、校長は「学校経営、保護者対応」、副校長・教頭は「業務量、書類作成、学校経営、保護者対応」、教諭等は「生徒指導、事務的な仕事、学習指導、業務の質」となっています。また、世代別では全体的に世代が高くなるほど強いストレスを感じる傾向にあり、部活動指導については、30歳代の教諭が強いストレスと感じていることが分かっています。

　文部科学省に設置された教職員のメンタルヘルス対策検討会議でとりまとめられた「教職員のメンタルヘルス対策について（最終まとめ）」（平成25年3月29日）によると、教職員のメンタル不調の背景として、①**部活動や生徒指導をはじめ業務量の増加や質の困難化、教諭間の残業時間のばらつきがあること**、②**職場の雰囲気やコミュニケーションの状況、職員の健康状況など**

図2　精神疾患による病気休職者の学校種・年代別割合

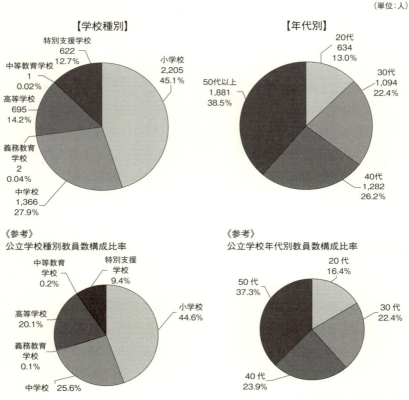

※文部科学省調べ（平成28年度）

の認識において管理職と職員の間に認識のギャップがあること、③学校がいわゆる鍋ぶた型の組織であり、学級担任など教職員が一人で対応するケースが多く組織的なケアが必ずしも十分でない場合があること、などが指摘されています。

教員が他の職種と比べて精神疾患に罹患する者が多いかどうかについては、比較するのに適当な定量的データが見当たりません。一方で、定性的には図3のような興味深いデータがあります。文部科学省の委託調査において、教員と民間企業における労働者のストレス状況を比較しており、「とて

も疲れる」と答えた人の割合を見ると、一般企業の14.1%に対して、教員では44.9%と一般企業の3倍以上の割合でした。教員という職業は、ストレスフルで、大変な職業であることは確かなようです。

　一般的に精神疾患を発症する方は、その回数を重ねるほど短期間に再発する可能性が高くなるため、予防的な取組みが重要なのは論をまちません。ストレスチェックテストなどによる教職員本人の「セルフケア」、管理職等による日常的な教職員の状況把握や、保護者対応などの困難な事案への迅速・適切なサポートによる「ラインによるケア」が重要ですし、前提として相談しやすい風通しのよい職場環境・雰囲気の醸成を図ることが必要です。こうした罹患の未然防止と健康増進（1次予防策）、早期発見と対処（2次予防策）が重要であることはもちろんですが、これらに加えて、メンタル不調をきたしてからの治療と職場復帰を円滑に行い、再発を防止する（3次予防策）ことも重要です。

　本講では、まず問1で2次予防策の一環として病気休暇を繰り返す教員への対応を考えた上で、問2では、3次予防策である学校と教育委員会が連携した復職対応などについて、法的な観点から一緒に考えていきましょう。

図3　教職員と一般企業における労働者のストレス状況

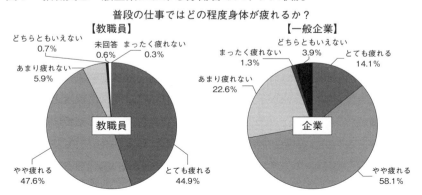

（出典：社団法人東京都教職員互助会・ウェルリンク株式会社「新教育システム開発プログラム」
（平成20年文部科学省委託調査））

第7講　教員の「心の病」への対応

関係法令の基礎知識

「関係法令の基礎知識」に入りましょう。この問題を解くに当たっての法令の基礎知識は、（1）休暇と休職の違い、（2）分限処分と懲戒処分の違いに関するものです。

（1）休暇と休職の違い

病気休暇と病気休職という言葉があります。どちらも負傷または疾病により勤務することができない職員に対して、職務専念義務を免除するものという点では同じですが、そのほかの法的な性質は異なります。表1を見てみましょう。

表1　病気休暇と病気休職の違い

	病気休暇	病気休職
法的性質	職員が療養するために必要な最小限の期間について、職員の申請に基づいて認められる休暇	職員が職務を十分に果たすことができない場合に、公務能率を維持することを目的としてなされる任命権者による分限処分
根拠	職員の勤務時間、休暇等に関する条例	地方公務員法第28条第2項第1号
背景	基本的には短期間の療養で回復する見込みがある。	回復に長期の療養を要する。
判断権者	服務監督権者である教育委員会 ※実際は校長の専決とされている場合が多い。	任命権者である教育委員会
給料等	90日間は全額支給。それを超えると半額支給という場合が多い（条例による）。	満1年間は給料・手当の100分の80を支給という場合が多い（条例による）。なお、満1年間の給料・手当の支給期間が終了しても、1年6月は共済組合から傷病手当金として給料の3分の2が支給される。

> ○地方公務員法
> 　（降任、免職、休職等）
> 第28条（略）
> 　2　職員が、左の各号の一に該当する場合においては、その意に反してこれを休職することができる。
> 　　一　心身の故障のため、長期の休養を要する場合
> 　　二　刑事事件に関し起訴された場合
> 3・4（略）

　病気休暇は職員の申請に基づいて服務監督権者である教育委員会（実際は校長が専決することとされている場合が多い）が認める休暇である一方、病気休職は任命権者である都道府県・指定都市教育委員会が発令する、職員の意に反して行うことができる処分なのです。

　病気休職処分は病気休暇と異なり、職員の意思を問わない「不利益処分」（地方公務員法第49条）であるため、職員側からの不服申立ての訴え等がありうることにも留意が必要です。

　このほか、回復の見込みが全くない場合などには、病気休職を経ることなく、分限免職を行うという手段も取りえますが、現実的には、病気休暇→病気休職→分限免職という順をたどる場合が多いです。

　また、休職及び復職については、**各都道府県にある健康審査会**（名称は様々）**で医師や弁護士等による専門的な判断をするケースが多くなっています。**

（2）分限処分と懲戒処分の違い

　病気休職が分限処分であることは理解できたと思いますが、そもそも分限処分とはどのようなものでしょうか。懲戒処分との違いを確認していくことで理解しましょう。

　懲戒処分は飲酒運転やわいせつ行為等の非違行為をした際に行われる処分であり、イメージが掴みやすいと思います。これに対して、**分限処分は病気**

やそのほかの事情で本来期待されている職務を全うするだけの力がない場合に発せられる処分のことです。言い換えれば、分限処分は、公務運営の能率を確保することを目的とするものであり、職員の道義的責任を追及する懲戒処分とは目的を異にする処分です。表2で詳細を確認しましょう。

表2　分限処分と懲戒処分の違い

	分限処分	懲戒処分
根拠	地方公務員法第28条	地方公務員法第29条
目的	公務能率の維持及び適正な運営の確保	公務における規律と秩序の確保
意義	病気をはじめとして職員が一定の事由により、その職責を果たすことが期待できない場合に身分上の変動をもたらす処分	職務上の一定の義務違反に対する制裁としての処分
種類	免職、休職、降任、降給	免職、停職、減給、戒告
処分事由	（分限免職、降任の事由） ①勤務実績が良くない場合 ②心身の故障のため、職務の遂行に支障があり、またはこれに堪えない場合 ③①、②のほか、その職に必要な適格性を欠く場合 ④職制もしくは定数の改廃または予算の減少により過員等が生じた場合 （休職の事由） ①心身の故障のため、長期の休養を要する場合 ②刑事事件に関し起訴された場合 ③①、②のほか条例で定める場合（研究休職など）	（懲戒処分の事由） ①地方公務員法などの法令違反 ②職務上の義務に違反し、または職務を怠った場合 ③全体の奉仕者たるにふさわしくない非行があった場合
性質	職員の意に反する不利益処分	
職員の道義的責任	問題にしない	問題にする

解説

問1　病気休暇の取得を繰り返す教員への対応

　本問のポイントは、病気休暇と病気休職の違いを理解し、どちらの取扱いとするべきかということです。

　実務上の取扱いとしては、条例によりますが、一般的には、病気休暇は90日間までは給料・手当の全額が支給され、それ以後は半額などとなることから、90日を超えた場合、休職処分に切り替えることが一般的です（条例によりますが、一般的には、休職とすれば1年間程度は100分の80の給料・手当が支給されるため。**表1**参照）。

　しかし、A教員の場合、すでに2か月程度、断続的に体調を崩し、病気休暇を繰り返しており、医師の診断によってさらに長期の療養を要することが明らかになっています。このことから、校長は、A教員の状況を服務監督権者である教育委員会に速やかに報告し、当該教育委員会が任命権者である教育委員会と調整の上、**任命権者である教育委員会において、学校運営上、他の職員をあてることが必要であると判断した場合には、たとえ病気休暇の申し出があったとしても、健康審査会等において審査した上で、病気休職処分とすることが妥当**と考えられます。

　休職させる、復職させるといった分限処分に関する判断は、公務能率の維持及び適正な運営の確保という分限の目的に基づき、任命権者である教育委員会が判断します（地方公務員法第28条）。状況に応じて、本問のケースのように病気休暇が90日を超えていなくても、任命権者である教育委員会が病気休職処分を行うことも可能ですので、校長は取扱いについて教育委員会と十分相談すべきでしょう。

　また、本問では、校長は精神科への受診を命じていますが、そもそも校長は精神疾患の疑いがある教員に対して、医師への受診命令を発することができるのでしょうか。結論としては、**次の判例が示しているように受診命令を発することは可能です。**

〈判例1〉
　市立中学校の教諭が、市教育委員会が実施した定期健康診断においてエックス線検査を受診しなかったことは、地方公務員法の懲戒事由に該当するとし、校長が職務上の命令として発した受診命令は適法とされた事案。
　「職務上の上司である当該中学校の校長は、当該中学校に所属する教諭その他の職員に対し、**職務上の命令として、結核の有無に関するエックス線検査を受診することを命ずることができるものと解すべきである。**」
（平成13.4.26　最高裁判決）

〈判例2〉
　使用者が労働者に対して発した健康診断の再診命令は適法であり、従う義務があるとされた事案。
　「一般的に、労働者は自己の健康状態について、自由に選択した医師の診察を受けることができる。しかし、**使用者は、その診断結果に疑問があるような場合、労働者の健康状態にも十分留意して適正な労務管理を行う必要上、念のため使用者の指定する医師の再診察を受けるよう労働者に指示することができ、労働者は正当な事由のない限り、この指示に応じる義務を有する**ものと解すべきである。」
（昭和49.11.26　東京地裁判決）

　なお、校長としては、病気休暇を繰り返す教員の人事管理という観点に加えて、児童生徒への教育活動の継続という観点から代替教員の任用について速やかに教育委員会と調整する必要があります。

問2　精神疾患で休職していた教員の復職への対応

（1）復職の判断

　休職及び復職に関する判断は、公務能率の維持及び適正な運営の確保という分限の目的に基づき、任命権者である教育委員会が校長の意見も踏まえて

判断します（地方公務員法第28条。表1参照）。したがって、校長が本人との面談を踏まえて、現場への復帰は難しいと判断したとしても、**最終的には任命権者である教育委員会が本人の健康状態や、授業を滞りなく行えるかなど能力を見極めた上で、慎重に判断することになります。**

　任命権者である教育委員会では、休職または復職の判断をするに際して、健康審査会といった医師や弁護士等の専門家からなる組織を設置し、審査を行うことが一般的です。**校長には、休職、復職の判断について、健康審査会や教育委員会が判断する際に必要な資料の提出等の協力が求められます。**復職させるとの判断がなされた場合、校長としては、復職後の校務分掌等の体制を考えていくことになります。

　なお、分限処分は、任命権者の裁量による判断が認められているものの、純然たる自由裁量ではありません。医師の診断書は、任命権者の判断が客観的資料に基づくことを担保するものであり、特に尊重されるべき要素となります。2名以上の医師が復職可能としている場合には、通常、復職させるという判断になるでしょう。

（2）復職プログラムの留意点

　復職前に、教育委員会が実施する復職プログラムが行われることが一般的です。復職プログラムとは、病気休職中の教員が復職する前に、復職への不安を軽減し、円滑な職場復帰を実現するとともに、精神疾患の再発防止を目的として、時間を短縮して行う慣らし勤務のことです。法律上、このような勤務形態があるわけではありませんが、各教育委員会における取組みとして導入されており、文部科学省調査によると平成24年度以降は全ての都道府県・指定都市教育委員会において復職プログラムが導入されています。

　この場合の大きな**ポイントは、試し出勤等の復職プログラムの実施期間は休職中であり、正規の勤務時間ではないということ**です。よって、校長は次のような事項に十分留意する必要があります。

　①医師の助言等も受けながら、本人と段階的な目標や具体的なプログラム

内容等を共有し、話し合いながら行うものであること
②実際に児童生徒への指導を行う場合には任せきりにせず、他の教員がサポートする体制を整えること（児童生徒に与える影響に十分留意すること）
③リハビリ勤務中は公務災害に認定されないなど休職期間中に実施することを踏まえた配慮を要すること（傷害保険等に加入することをお勧めします）

　この他の留意事項は「教職員のメンタルヘルス対策について（最終まとめ）」（平成25年3月29日教職員のメンタルヘルス対策検討会議）や、各任命権者における復職プログラムの手引きをご確認ください。

（3）復職後、十分に職務を遂行できていない教員への対応

　校長は復職後の教員の業務について適切に配慮し、経過を観察することが必要です。その上で、十分に職務を遂行できない場合は、担当学年や担任クラス、校内委員会の担当を変更するなど校務分掌上の対応が考えられます。学級担任を決めるなどの校務分掌の決定権は、校務をつかさどり教員を指揮監督する権限を有している校長にありますが（学校教育法第37条第4項）、年度の途中で担任を変更してもよいのでしょうか。結論としては次の「深読み！」の判例が示すように、**校務運営の総合的な判断として、学級担任を年度途中で交代させることは可能であり、また、そのことは当該教員に対する不利益処分**（地方公務員法第49条）に当たるものではありません。

　また、心の健康問題の背景に、同僚との人間関係などがあり、勤務環境を変えることで改善が期待できる場合は、教育委員会と相談をして他校への異動を行うという対応も考えられます。

　その上で改善がみられない場合には、改めて医師への受診を勧め、任命権者の判断により再度、病気休職処分とすることがありえます。

　条例上、休職期間の上限は通常3年であり、この期間が満了する場合には、任命権者である教育委員会は分限免職とするかどうかを判断しなければ

なりません。この際、当該教員と相談の上、不利益処分である分限処分とせず、依願退職とするケースも多くあります。

年度途中の担任替えは違法なのか？

　学級担任を命じるという行為は、校長による校務分掌の決定の一環であり、職務命令の一種です。このため、学級担任を解くことも校長の権限の範囲内であるように考えられますが、校長が年度途中で当該教員を学級担任から外すことの適法性をどのように考えればよいのでしょうか。以下の二つの判例が参考になるので、読み解いていきましょう。

> 〈判例1〉
> 　教諭の具体的な職務の内容は、校務をつかさどり所属職員を監督する（学教法28条3項（※現在の37条4項））校長が発する職務命令によってはじめて定まるものであって、**教諭は特定の学級を担任することを法的に保障された地位にあるものではなく、またこれを請求する権利も有していない。**
> 　したがって、本件の控訴人の学級担任を外すとの被控訴人校長の行為は、特定の学級の担任を解くという校長の職務命令であって、これによって、学教法、地公法等によって規定されている**控訴人の教諭としての地位や給与その他その法的地位又は利益に対して何らの変更を生ぜしめるものではないというべきである。**そうだとすると、本件担任解除命令は、抗告訴訟の対象となる行政処分には当らないというべきである。
>
> （平成2.9.13　広島高裁判決）

　この〈判例1〉では、校長の発した担任解除命令は、教諭に対して法的に不利益な変更を与えたとはいえず、不服申立てや取消訴訟の対象となる不利

益処分とはいえないとしています。一方で、年度途中の担任の解除について、民事上の損害賠償請求を争った判例には次のようなものがあります。

〈判例２〉
　学校教育法28条３項（※現在の37条４項）では、小学校の校長は校務をつかさどり、所属職員を監督する権限を有する旨が規定されており、右権限の中に、校長が小学校における校務分掌に関する組織を定め、教師を含む所属職員にその分掌を命じ、校務を処理することも含まれていることは明らかであって、校長は個々の教師に学級担任等を命じ、或いは命じない権限（担任を外す権限を含む。）を有するものというべきである。
　そして、校務分掌に関する校長の右決定については、職員全員の能力・適性並びに学校全体の適正な運営等の諸事情を総合考慮することが必要であるから、右の権限は校長の裁量に任されているものということができる。しかしながら、（略）裁量とされた右の権限についての濫用や逸脱と認められる場合には、それが校長の裁量とされた趣旨に照らして違法というべきである。

（平成10.3.27　横浜地裁判決）

　〈判例２〉は、校長が校務分掌を決定する権限をもつとしている点で〈判例１〉と同様ですが、裁量権の濫用や逸脱があったと認められる場合には、違法というべきとしています。本判例では、当該教員の責任のみでクラス内に学級崩壊のような混乱が生じていたとは認められず、そのほか、年度途中での担任の解除について合理的に説明できるだけの理由が認められないとして、校長の命令には裁量権の濫用・逸脱があったとして教員の損害賠償の訴えを認めています。

学校における働き方改革

K「T先輩。最近、教員の多忙化が社会問題になっているように思われるのですが、なぜでしょうか。」

T「政府全体で働き方改革が議論されており、『働き方改革実行計画』(平成29年3月) が策定されるなど、わが国の企業文化やライフスタイルを変えていくような改革が進む中で、教員においてもその職務の特性も考慮しながら、改革の理念について共有・実現していくことが求められていることが背景にあるね。

　また、**文部科学省による教員勤務実態調査(平成28年度)**の結果が世の中に与えたインパクトも大きかったと考えられる。10年前の前回調査と比較して、小中学校のいずれの職種でも勤務時間は大幅に伸びている。例えば教諭については、1日当たり、小学校は平日43分・土日49分、中学校は平日32分・土日1時間49分伸びていて、長時間の勤務が恒常化し、10年前よりさらに悪化している。中学校では、やはり部活動が大きな負担となっているようで、土日の勤務時間のほとんどを占めている。このような結果になっている原因は何だと思うかい?」

K「数えきれないほど原因があると思います。小学校の外国語をはじめとする新しい学習指導要領の着実な実施、子供の貧困の問題への対応、不登校・暴力行為など生徒指導の問題の複雑化、障害のある児童生徒や外国人児童生徒の増加など…。一言でいえば、学校が抱える課題の複雑化・多様化であり、学校がいわば『福祉機関化』してきてい

る側面もあるといえるのではないでしょうか。

　それから、家庭や地域の教育力低下に伴い、学校への期待や依存が高まり、教員が担うべき業務の範囲が膨張し、また曖昧にされてきた側面があるのは否めないと思います。部活動が象徴的なのではないでしょうか。例えばイギリスにおいては、教育雇用省が『教員がしなくてよい業務』を明確化し、教員が本来の業務に集中できるような環境整備を推進していることなどは参考になりますね。」

T「よく知ってるね。日本の先生方は目の前の『子供たちのために』という使命感と責任感から献身的な指導を行っていることで知られており、結果として児童生徒に関わるあらゆる業務を自らの業務とみなして、業務の範囲を拡大させてきた面もあると思われる。

　しかしながら、わが国の教員が学習指導のみならず、生徒指導等でも主要な役割を担い、部活動など様々な場面を通じて、児童生徒の状況を総合的に把握して、全人格的な教育を実施している『日本型学校教育』は、ＯＥＣＤをはじめとして国際的にも高く評価されている。これを失わせるのはもったいない。したがって、**日本型学校教育の強みを生かしながらも、学校・教員が真に担うべき業務を明確化していく試みが必要**だね。」

K「まさにそうした論点が、平成29年に中央教育審議会に新たに設置された『学校における働き方改革特別部会』において議論されていて、同年12月には中間まとめがでていますし、同月に文部科学省から『学校における働き方改革に関する緊急対策』が公表されています。このようなスピーディーな対応からは、危機感が感じられますよね。これらの文書を参照すると、これまで教員が担ってきた業務を、以下のよ

うに整理していますね。」

> （1）基本的には学校以外が担うべき業務
>   ①登下校に関する対応、②放課後から夜間などにおける見回り、児童生徒が補導された時の対応、③学校徴収金の徴収・管理、④地域ボランティアとの連絡調整
> （2）学校の業務だが、必ずしも教員が担う必要のない業務
>   ⑤調査・統計等への回答等（事務職員等）、⑥児童生徒の休み時間における対応（地域ボランティア等）、⑦校内清掃（地域ボランティア等）、⑧部活動（部活動指導員等）
> （3）教員の業務だが、負担軽減が可能な業務
>   ⑨給食時の対応、⑩授業準備、⑪学習評価や成績処理（スクールサポートスタッフ等）、⑫学校行事の準備・運営、⑬進路指導、⑭支援が必要な児童生徒・家庭への対応

T「かなり大胆に仕分けている印象だね。こうして膨大になってしまった教員の業務の範囲を明確にし、限られた時間の中で、教員の専門性を生かしつつ、児童生徒に接する時間を十分確保し、教職人生を豊かにすることで、児童生徒に真に必要な良質な指導を持続的に行うことができる状況を作り出すことが『学校における働き方改革』の目指すところだろう。さらには、それにとどまらず、それぞれの教員が誇りをもって働くことができるようにし、教職をより一層輝きとやりがいのある職業にすることが重要であり、それが児童生徒の教育にも良い影響として還元されることになる。」

K「その通りですね。国や教育委員会は、学校における働き方改革の実

現に向けて、教職員及び専門スタッフ等、学習指導・運営体制の効果的な強化・充実に向けて努力しなければなりませんし、学校現場において勤務時間の適正化や業務改善・効率化が図られるようにするための支援が必要ですね。学校管理職にはどのような役割が期待されるのでしょうか。」

T「まずはＩＣＴやタイムカードなどを活用して、勤務時間を客観的かつ正確に把握することが前提だ。その上で、学校現場の業務を洗い出し、見える化し、見直していくことが基本となる。見直しに当たっては、学校の重点目標や経営方針に照らし、その目標達成に真に必要な業務に注力できるよう、今後、教員が何をして、一方で何をしないのかについて、教育委員会と連携しながら整理していくことが重要だね。また、教職員間で業務の在り方、見直しについて話し合う機会を設けるなど、学校全体で取り組むことが必要だね。」

K「我々文部科学省職員も、仕事にメリハリをつけようと心がけてはいますが、今日のように遅くまで残業していたりしますよね…」

T「そうだね…よし。今週はよくがんばったから、自分へのご褒美として築地まで行ってお寿司ってのはどうだい！」

K「贅沢ですねー。賛成です！！」

コラム
いじめ防止対策推進法の条文を読む

　平成23年に滋賀県大津市で中学校2年生の生徒がいじめを苦に自殺するなど、全国でいじめが社会問題化したことを踏まえ、教育再生実行会議などにおいて社会総がかりでいじめに対峙していくための基本的な理念や体制を整備する法律の制定の必要性が確認されました。その後、議員立法にて「**いじめ防止対策推進法**」が成立（平成25年6月21日）し、これを受けて、同法第11条第1項に基づき、いじめ防止等のための対策を総合的かつ効果的に推進するための基本的な方針として、「いじめの防止等のための基本的な方針」が策定（平成25年10月11日、文部科学大臣決定（平成29年3月14日改定））されました。

　これらの動きは、「いじめはどの子供でも、どの学校でも起こり得る」「いじめをなかったことにはしない」ということを徹底するためのものと考えられます。同法では、いじめ問題への対応は、学校の最重要課題の一つであり、教職員が一人で抱え込むのではなく、学校が一丸となって組織的に対応することが明確に規定されています。本コラムでは、いくつかの核となる条文を参照しながら、同法に基づく対応の基本を確認していきましょう。

　まずは、いじめの定義を確認しておきます。いじめ対策のスタートラインは、アンケートや個人面談などを活用しつつ、いじめを認知することです。いじめの定義は、何度か変更されてきましたが、同法でどのようなものを認知すればよいのか明確化されたと考えられます。

コラム

> （定義）
> 第2条　この法律において「いじめ」とは、児童等に対して、当該児童等が在籍する学校に在籍している等当該児童等と一定の人的関係にある他の児童等が行う心理的又は物理的な影響を与える行為（インターネットを通じて行われるものを含む。）であって、当該行為の対象となった児童等が心身の苦痛を感じているものをいう。
> 2〜4　（略）　　　　　　　　　　　　　　　　　※下線は筆者の追記。

つまり、**何らかの児童生徒に影響を与える「行為」があって、児童生徒が「心身の苦痛」を感じていれば、いじめと認定されます**。いじめか否か個々の行為を表面的・形式的に捉えるのではなく、あくまで「いじめられた児童生徒の立場に立つこと」が重要なのです。したがって、いじめの件数調査においても、従来の「発生件数」という考え方から、「認知件数」という考え方に変わっていることにも留意が必要です。

一方、このような定義となっているものの、教育委員会や学校ごとに、いじめの認知件数に大きな差があります。いじめとなった場合、学校の対応に多大な負担が生じるのではないかという考えなどから、積極的に認知することに教職員の抵抗感がある場合があります。**管理職としては、いじめの定義や、積極的な認知がいじめ対応の第一歩という考え方を改めて周知し、組織的にいじめに向き合っていく姿勢を示すことが重要です**。このため、本法では以下のような規定も設けられています。

> （学校におけるいじめの防止等の対策のための組織）
> 第22条　学校は、当該学校におけるいじめの防止等に関する措置を実効的に行うため、当該学校の複数の教職員、心理、福祉等に関する専門的な知識を有する者その他の関係者により構成されるいじめの防止等の対策のための組織を置くものとする。
> 　　　　　　　　　　　　　　　　　　　　　　　　　　※下線は筆者の追記。

コラム

　第22条は、学校における早期発見・対処等を組織的に行うための組織を置くことを明示的に規定したものです。組織の名称としては、「いじめ対策委員会」などが考えられますが、生徒指導部会などの既存の組織を活用することも可能です。
　熱心な先生ほど、「他の先生や管理職に迷惑はかけられない。自分が解決しなければ。」と、深みにはまってしまう場合もあります。こうならないためにも、事実関係の把握、いじめであるか否かの判断は組織的に行うことが必要であり、いじめの兆候や懸念、児童生徒からの訴えを教職員個人で抱え込まずに、本組織に報告・相談して判断していくようにマネジメントすることが必要です。
　次にいじめの重大事態の対応です。

> （学校の設置者又はその設置する学校による対処）
> 第28条　学校の設置者又はその設置する学校は、次に掲げる場合には、その事態（以下「重大事態」という。）に対処し、及び当該重大事態と同種の事態の発生の防止に資するため、速やかに、当該学校の設置者又はその設置する学校の下に組織を設け、質問票の使用その他の適切な方法により当該重大事態に係る事実関係を明確にするための調査を行うものとする。
> 　一　いじめにより当該学校に在籍する児童等の生命、心身又は財産に重大な被害が生じた疑いがあると認めるとき。
> 　二　いじめにより当該学校に在籍する児童等が相当の期間学校を欠席することを余儀なくされている疑いがあると認めるとき。
> 2・3　（略）　　　　　　　　　　　　　　　　　※下線は筆者の追記。

　事実の有無が判明した場合に対応するのではなく、第1号及び第2号にある通り、その「疑い」があった場合には「重大事態」として調査を開始する必要があることがポイントです。重大事態が発生した場合には、学校から教育委員会、教育委員会から首長に報告することになっています（第30条第1項）。また、学校を所管する教育委員会が、重大事態の調査の主体（学校か、教育委員会か）を決めます。仮に学校が重大事態の調査を行う場合でも、教育委員会

コラム

がしっかりとした支援を行うことが必要です。

　第1号の「生命、心身又は財産に重大な被害」に該当するかどうかについては、当該児童生徒の状況に着目して判断することになりますが、必ずしも明確ではなく、どのような場合に認定するかという論点があります。平成29年3月に文部科学省が策定した「いじめの重大事態の調査に関するガイドライン」に詳しいところですが、具体的には実際に重大事態として扱われた以下の例を参考にしてください。

・軽傷で済んだものの、自殺を企図した
・嘔吐や腹痛など心因性の身体反応が続いている
・複数の生徒から金銭を要求され、総額1万円を渡した

　第2号の「相当の期間」については、不登校の定義を踏まえ、年間30日を目安とすることとされています。また、**児童生徒や保護者から重大事態に至っているとの申し立てがあったときは、基本的には重大事態が発生したものとして対応する**ことが必要です。

　文部科学省の調査によると、平成28年度における第28条第1項に規定する重大事態の発生件数は、全国で400件となっています。このうち同項第1号に規定する重大事態は164件、同項第2号に規定する重大事態は283件です（重複あり）。400件のうち、当該学校が調査主体となったのは317件であり、当該学校の設置者が調査主体となったのは71件、調査主体を検討中は12件です。

　重大事態の調査を開始するに当たっては、被害児童生徒・保護者に対して丁寧に説明を行いながら、その意向も踏まえた調査方法・内容を検討・実施することが必要です。調査組織は、公平性・中立性を確保し、客観的な事実認定を行います。そして、調査結果を踏まえて加害児童生徒への指導や、再発防止策を講じていくことが何より重要です。

　不幸にして児童生徒の自殺が起こり、いじめがその要因として疑われる場合の背景調査についても、第28条第1項に定める調査に相当することとなります。調査においては、亡くなった児童生徒の尊厳を保持しつつ、その死に至った経

コラム

過を検証し再発防止策を講ずることを目指し、子を亡くした遺族の気持ちに十分配慮しながら行うことが必要です。

また、児童生徒の自殺については、初動対応が極めて重要です。遺族への対応や記者会見などのマスコミ対応、保護者会や児童生徒への説明・指導に適切に対応しなければなりません（「いじめはなかった」と不確実なことを断定したり、不誠実と思われる態度をとることは厳禁です）。管理職としては、万が一の事態に備えて、文部科学省に置かれた児童生徒の自殺予防に関する調査研究協力者会議による「子どもの自殺が起きたときの緊急対応の手引き」（平成22年3月）、「子供の自殺が起きたときの背景調査の指針（改訂版）」（平成26年7月）にも予め目を通しておくと良いでしょう。

さらに、第30条第2項には、**学校や教育委員会が行った調査結果について、地方公共団体の長等が再調査を行うことができる**ことが規定されています。このような再調査は、調査時に知りえなかった新しい重要な事実が判明した場合や、十分な調査が尽くされていないと認められる場合に行われます。

文部科学省の調査によると、平成28年度における第30条第2項に規定する地方公共団体の長等による再調査を行った件数は2件となっています。

（公立の学校に係る対処）

第30条　地方公共団体が設置する学校は、第28条第1項各号に掲げる場合には、当該地方公共団体の教育委員会を通じて、重大事態が発生した旨を、当該地方公共団体の長に報告しなければならない。

2　前項の規定による報告を受けた地方公共団体の長は、当該報告に係る重大事態への対処又は当該重大事態と同種の事態の発生の防止のため必要があると認めるときは、附属機関を設けて調査を行う等の方法により、第28条第1項の規定による調査の結果について調査を行うことができる。

3〜5　（略）　　　　　　　　　　　　　　　　　　※下線は筆者の追記。

第8講

子供への指導が不適切など問題のある教員への対応

【キーワード】
◎指導が不適切な教員に関する人事管理システム　◎精神疾患との関係
◎分限処分と懲戒処分

問題

問1　A教員は指導力に問題があり、クラスが「学級崩壊」状態に陥ったため、学級担任から外し、校内研修等を実施することによって様子をみていた。しかし、指導は一向に改善されず、教員としての適格性に明らかに欠けると考えられる。A教員の精神疾患の疑いを指摘する教員もいるが、校長はどのように対処すべきか。

問2　B教員は勤務時間外における過度な飲酒や、ギャンブルへの没頭など、教員としてふさわしくない社会生活を送っていると、多くの保護者たちから目撃され非難を浴びている。校長から注意したが、B教員はプライベートでの事であり、個人の自由であるとして聞き入れない。校長はどのように対処するべきか。

問題のポイント

○任命権者である教育委員会では、法令に基づいて、「指導が不適切な教員」に対して継続的な指導改善研修を行うとともに、必要に応じて分限免職や他の職への転任等を行う人事管理システムを整備している（教育公務員特例法第25条、第25条の2）。

〇授業観察等により、校長が的確に教員の指導力について把握し、「指導が不適切な教員」の定義に該当する場合は、人事管理システムに従って、教育委員会への申請・報告をすることが必要である。教育委員会との密接な連携がポイントになる。

〇指導力と精神疾患との関係が必ずしも明らかではない場合もあるが、指導力を改善させるための研修等を受けさせつつ、継続的に医師の診断も受けさせることが必要である。診断により精神疾患が判明した場合には、研修を中断し、治療に専念させる。校長としては、当該教員の現場復帰後のフォローにも努めなければならない。

〇必要に応じて、分限処分や懲戒処分の可能性を検討する。任命権者である教育委員会が処分を行う前提として、法律に定める分限事由や懲戒事由に該当することを明確にしておく必要がある。

問題の背景

指導が不適切な教員の存在は、児童生徒に大きな影響を与えるのみならず、保護者や地域住民の学校への信頼を損なうことになりかねません。このため、**任命権者である教育委員会では、指導が不適切な教員に対し、継続的な研修（指導改善研修）を行うとともに、必要に応じて免職等の分限処分や他の職への転任等を行う人事管理システムを整備**しています。

文部科学省の調査（図１）によると、**平成28年度における指導が不適切な教員の認定者数は108人（前年度比18人減）**であり、近年減少傾向です。これまでの各教育委員会の様々な取組みによって、指導力を回復したり、免職や退職することによって認定者数が減少してきていると解することもできます。一方で、全国でこの数字ですから、少なく感じる方もいらっしゃると思いますが、これは教育公務員特例法に基づく「指導が不適切な教員」の認定者数ですので、認定までは至らなくとも、**教科等の指導に当たって一定の課題がみられるいわば「指導に課題のある教員」は他にも存在している**といえ

第8講　子供への指導が不適切など問題のある教員への対応

図1　指導が不適切な教員の認定者数

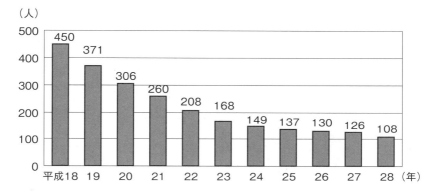

ます。教育委員会によっては、指導に課題のある教員に対しても個別指導や、研修センターへの通所研修などのプログラムを用意し、早期かつきめ細やかな対応をしています。平成26年度には67都道府県・指定都市教育委員会のうち、43教育委員会がこのような取組みを実施しています（文部科学省調べ）。

校長としては、

①指導に課題のある教員に対して、校内研修などによる**指導力の向上に向けた早期の対応をとること**

②指導が不適切な教員がいる場合には担任から外し、**校内で隠したり、放置したりすることなどがないよう、教育委員会と十分に相談・連携して対策を講じること**

が重要です。

　また、指導が不適切な原因が精神疾患である場合も、まま見受けられます。この場合には研修による改善が見込まれないため、医療的な観点に立った措置が必要です。**「病気ならば治療」「指導力の問題ならば研修」による指導力の改善**という仕分けになります。しかしながら、病気が原因なのか、必ずしも判然としない場合もあります。その際、どのように対処したらよいか、本講で考えていきましょう。

第8講　子供への指導が不適切など問題のある教員への対応

　加えて、指導力以前の問題として、生活態度などが悪く、教員としての資質に欠けている者に対して、口頭注意でも改善がみられない場合、校長は法的にどのような措置を取りうるのでしょうか。職務以外の生活に関することについても、校長は指示できるのでしょうか。職務命令の効果や懲戒処分の可能性も踏まえつつ、この点についても考えていきましょう。

関係法令の基礎知識

（１）指導が不適切な教員の人事管理システム

　文部科学省では、かねてより各教育委員会に対する指導助言等によって、指導が不適切な教員に関する人事管理システムの整備を促してきました。また、平成19年6月には教育公務員特例法が改正され、①任命権者が指導が不適切である教員の認定を行うとともに、当該教員の能力、適性等に応じて指導改善を図るための研修（指導改善研修）を実施すること、②研修修了時の認定において学校への復帰や免職など、必要な措置を講ずること、③認定を客観的に行うための手続きなどについて、法令上、明確にされました。指導改善研修の期間が原則１年、延長したとしても２年と規定されたこともポイントです。平成20年４月から、この改正教育公務員特例法が施行されており、現在、全ての都道府県・指定都市教育委員会において、指導が不適切な教員に関する人事管理システム（**図２参照**）が整備されています。

○**教育公務員特例法**

（指導改善研修）

第25条　公立の小学校等の教諭等の**任命権者**は、児童、生徒又は幼児（以下「児童等」という。）に対する**指導が不適切であると認定した**教諭等に対して、その能力、適性等に応じて、当該指導の改善を図るために必要な事項に関する研修（以下「指導改善研修」という。）を実施しなければならない。

2　指導改善研修の期間は、１年を超えてはならない。ただし、特に必要がある

と認めるときは、任命権者は、指導改善研修を開始した日から引き続き2年を超えない範囲内で、これを延長することができる。
3 　任命権者は、指導改善研修を実施するに当たり、指導改善研修を受ける者の能力、適性等に応じて、その者ごとに指導改善研修に関する計画書を作成しなければならない。
4 　任命権者は、指導改善研修の終了時において、指導改善研修を受けた者の児童等に対する指導の改善の程度に関する認定を行わなければならない。
5 　任命権者は、第1項及び前項の認定に当たつては、教育委員会規則（中略）で定めるところにより、教育学、医学、心理学その他の児童等に対する指導に関する専門的知識を有する者及び当該任命権者の属する都道府県又は市町村の区域内に居住する保護者（親権を行う者及び未成年後見人をいう。）である者の意見を聴かなければならない。
6 　前項に定めるもののほか、事実の確認の方法その他第1項及び第4項の認定の手続に関し必要な事項は、教育委員会規則で定めるものとする。
7 　前各項に規定するもののほか、指導改善研修の実施に関し必要な事項は、政令で定める。
（指導改善研修後の措置）
第25条の2 　任命権者は、前条第4項の認定において指導の改善が不十分でなお児童等に対する指導を適切に行うことができないと認める教諭等に対して、免職その他の必要な措置を講ずるものとする。

第8講　子供への指導が不適切など問題のある教員への対応

図2　指導が不適切な教員の人事管理システムの流れ（イメージ）

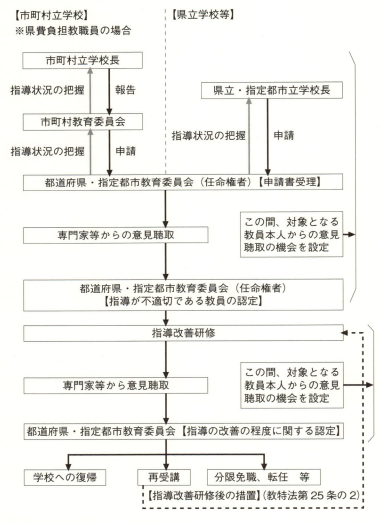

（「指導が不適切な教員に対する人事管理システムのガイドライン」（平成20年2月8日 文部科学省）から作成）

（2）指導が不適切な教員の定義

　指導が不適切な教員の定義は、平成20年2月に文部科学省が策定した「指導が不適切な教員に対する人事管理システムのガイドライン」において、以下の通り記載されています。

> 　ここでいう「指導が不適切である」教諭等とは、知識、技術、指導方法その他教員として求められる資質、能力に課題があるため、日常的に児童等への指導を行わせることが適当ではない教諭等のうち、研修によって指導の改善が見込まれる者であって、直ちに後述する分限処分等の対象とはならない者をいう。

　具体的には、文部科学省の通知「教育職員免許法及び教育公務員特例法の一部を改正する法律について（平成19年7月31日文部科学事務次官通知）」で、以下のような教員を指すとしています。

> ①教科に関する専門的知識、技術等が不足しているため、学習指導を適切に行うことができない場合（**教える内容に誤りが多かったり、児童等の質問に正確に答え得ることができない等**）
> ②指導方法が不適切であるため、学習指導を適切に行うことができない場合（**ほとんど授業内容を板書するだけで、児童等の質問を受け付けない**等）
> ③児童等の心を理解する能力や意欲に欠け、学級経営や生徒指導を適切に行うことができない場合（**児童等の意見を全く聞かず、対話もしないなど、児童等とのコミュニケーションをとろうとしない**等）

（3）指導改善研修の内容

　校長等からの報告を受け、任命権者である教育委員会が指導が不適切な教員であるとの認定をすると、当該教員の能力、適性等に応じて個別に研修計画書がつくられます。

　研修内容には、指導が不適切であることを気付かせる機会や人間関係を構

築するための内容などが盛りこまれることが望まれます。教育センターなどの研修施設を活用することが基本ですが、児童生徒への影響に十分配慮した上で、必要に応じて所属校での実地研修や模擬授業を行うことも有効であると考えられます。

（4）指導改善研修終了後の措置

教育公務員特例法第25条の2で規定されている指導改善研修後の認定では、**研修を経て指導が改善されていれば「現場復帰」、改善していないが改善の余地があれば「研修継続」、指導力が改善されず改善の余地がなければ**地方公務員法第28条第1項の「**分限免職**」や、同法第17条第1項による**事務職員等への「転任」**等の措置を講じることになります。実際は本人と相談の上、依願退職となる場合も多いです。なお、教員としての適格性が欠如しており、改善の余地がない場合には、指導が不適切であることの認定をするまでもなく、即座に分限免職することもありえます。

データを紹介すると、平成28年度に指導改善研修を受けた68人の研修終了後の措置としては、現場復帰33人、依願退職12人、分限免職2人、転任0人、研修継続18人などとなっています（図3）。

図3　指導改善研修後の措置（平成28年度）

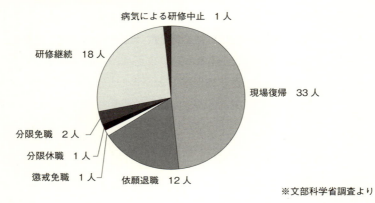

※文部科学省調査より

（5）職務命令の性質

　職務命令については、「指示する」「命令を発する」など様々な表現がありますが、これらは法的には同義です。その根拠は、地方公務員法第32条です。

> ○地方公務員法
> 　（法令等及び上司の職務上の命令に従う義務）
> 第32条　職員は、その職務を遂行するに当つて、法令、条例、地方公共団体の規則及び地方公共団体の機関の定める規程に従い、且つ、上司の職務上の命令に忠実に従わなければならない。

　この規定に基づき、校長は教員に対して職務命令を発することができ、それに対して教員は忠実に従う義務を負うことになります。また、職務命令が成立するには以下の三つの要件がありますので、確認しておきましょう。

①発令者が職務上の上司であること

　校長が上司であるのはもちろんのこと、副校長・教頭や主幹教諭も教諭の上司となります。

②受命者の職務に関するものであること

　学級担任や主任などの校務分掌を定めることや、出張や研修を命ずることなどの職務命令はもちろんのこと、公務員としての身分に基づき服務確保を求めることも職務に関するものと解されます。

③命令の内容が実行可能であること

　犯罪行為を命じるなど違法でないことなどです。

（6）分限処分と懲戒処分

　分限処分と懲戒処分については、第７講の復習になりますので、再度それぞれの性質を整理した表を掲載しておきます。
　分限処分は、公務運営の能率を確保する趣旨の処分であり、職員の道義的

責任を追及する懲戒処分とは目的を異にする処分です。問1は分限処分の可能性を検討する問題であり、問2は懲戒処分の可能性を検討すべき問題であることがお分かりいただけると思います。

（7）信用失墜行為の禁止

　教員を含む公務員は、全体の奉仕者として一般の国民以上に高度の行動規範が求められており、地方公務員法第33条では、公務員が信用を失うような行為をすることが禁止されています。

> ○地方公務員法
> 　（信用失墜行為の禁止）
> 　第33条　職員は、その職の信用を傷つけ、又は職員の職全体の不名誉となるような行為をしてはならない。

　何が信用失墜行為に該当するかについては、具体の事案に基づき教育委員会が判断することになりますが、教育公務員がこの信用失墜行為の禁止に違反したときは、懲戒処分の対象になります。したがって、校長が教員に対して、信用失墜行為に当たるような行為をしないよう職務命令を発することもできると解されています。

表　分限処分と懲戒処分の違い

	分限処分	懲戒処分
根　拠	地方公務員法第28条	地方公務員法第29条
目　的	公務能率の維持及び適正な運営の確保	公務における規律と秩序の確保
意　義	病気をはじめとして職員が一定の事由により、その職責を果たすことが期待できない場合に身分上の変動をもたらす処分	職務上の一定の義務違反に対する制裁としての処分
種　類	免職、休職、降任、降給	免職、停職、減給、戒告
処分事由	（分限免職、降任の事由） ①勤務実績が良くない場合 ②心身の故障のため、職務の遂行に支障があり、またはこれに堪えない場合 ③①、②のほか、その職に必要な適格性を欠く場合 ④職制もしくは定数の改廃または予算の減少により過員等が生じた場合 （休職の事由） ①心身の故障のため、長期の休養を要する場合 ②刑事事件に関し起訴された場合 ③①、②のほか条例で定める場合（研究休職など）	（懲戒処分の事由） ①地方公務員法などの法令違反 ②職務上の義務に違反し、または職務を怠った場合 ③全体の奉仕者たるにふさわしくない非行があった場合
性　質	職員の意に反する不利益処分	
職員の道義的責任	問題にしない	問題にする

第8講　子供への指導が不適切など問題のある教員への対応

解説

問1　指導が不適切な教員の対応

　教員の指導に未熟な点があったり、改善の必要がある場合には、一般に管理職や主任などが指導方法についてアドバイスをしたり、校内研修を実施したりします。しかし、「関係法令の基礎知識」において述べたような、**教育公務員特例法上の「指導が不適切」な状態にまで陥っており、校内の対応だけでは十分な指導の改善が見込まれない場合には、校長は教育委員会に対して指導が不適切な教員としての認定に向けた報告・申請を行うことになります**。

　申請を受け、任命権者である教育委員会が当該教員を指導が不適切であると認定すると、当該教員は学校を離れ、研修センター等において、中長期の指導改善研修を受講することとなります。

　報告・申請に当たっては、校長は以下の点に留意すべきです。

①報告・申請を行う際には、**当該教員に対して「指導が不適切である」と判断する理由を伝え、指導改善研修を受講させる目的を明確にしておくこと**。

②指導を改善させ、学校へ復帰できるようにするためには、**早期に対処することが重要**であることから、「指導が不適切である」教員を把握した場合には、校長は速やかに報告・申請を行うこと。

③報告・申請は、校長の権限と責任において行われるものであるが、例えば、校長による報告書・申請書に、副校長、教頭、主幹教諭、指導教諭等のいずれかによる評価結果を添付することも、客観性を高めるための運用上の工夫として考えられること。

　任命権者である教育委員会において申請を受理した後は、専門家等からの意見聴取及び当該教員からの意見聴取を行った上で、指導が不適切である教員であるかどうか認定が行われます。認定された場合には、当該教員は指導改善研修を受講する義務を負うことになります。

> **豆知識**
>
> ◎指導改善研修の受講命令の法的性質
>
> 　指導改善研修の受講命令は、上司からの職務命令の一種です。判例では、指導改善研修の研修命令は「身分、給与等に異動を生じさせるものではないから、…本人の公務員としての権利義務に影響はなく、不利益を与えるものではない」（平成16年３月９日最高裁判決）とされており、一般的に不利益処分には該当せず、指導改善研修の受講命令を受けた教員は不服申立てを行うことはできないものと考えられます。

　Ａ教員の場合、うつ病などの精神疾患に起因して、指導が不適切な状態になっている可能性があります。このため、本人の同意の下、医師とも相談し、精神疾患との因果関係を確認すべきです。**原因が精神疾患である場合には、指導改善研修を受けさせても指導力の改善は期待できませんので、まずは病気の治療に専念させることが必要**です。

　しかしながら、実務では、精神疾患の可能性があるものの、そのことが必ずしも明らかではない場合もありえるでしょう。その場合は、**指導が不適切な教員としての認定を受け、指導改善研修に入った後でも、必要に応じ、医師の診断を受けさせ、心身の故障があるか否かを確認するといった配慮が望まれます**。診断により精神疾患が判明した場合には、研修を中断し、速やかに治療を行うことになります。

　指導改善研修を経て、現場復帰させるか、研修を継続するか、免職や転任などの人事上の措置とするかについては教育委員会の判断になりますが、**校長としては学校へ復帰した場合の対応を検討しておく必要があるでしょう**。校長は当該教員が円滑に復帰できるよう、周囲の教員や保護者、ＰＴＡ等に対し、本人が真摯に研修に取り組み、指導の改善が図られたことを十分説明し、理解と協力が得られるような体制づくりに努めなければなりません。

　また、復帰後しばらくの間は、当該教員が周囲に受け入れられているかな

ど経過を観察し、円滑に学校で勤務できるよう、必要な支援をすることが望まれます。

　なお、指導が不適切な教員への対応の一連のプロセスでは管理職の事務負担の増加が懸念されるため、教育委員会は校長との定期的な意見交換や学校訪問などにより、きめ細かな支援をする必要があり、校長と教育委員会は一体となって取り組む必要があります。

問2　勤務時間外の生活に問題のある教員への対応

　まずは校長等からB教員に対する粘り強い指導が必要です。もちろんこれで解決すればいいのですが、状況に改善がみられない場合には、過度の飲酒やギャンブルを控えるよう**職務命令を発する**ことが考えられます。勤務時間中ではありませんが、地方公務員法第33条の信用失墜行為の禁止に違反する行為にならないよう、過度の飲酒を慎むよう命じることや、ギャンブルに没頭することを控えるよう命じることは可能であると考えられます。この場合、口頭によっても文書によっても構いませんが、文書にすれば記録にも残るため確実な方法といえます。

　さらに一定期間を経過しても状況の改善がみられない場合には、**処分の可能性を示唆した警告書**を手渡すことも考えられます。その際、**実際に処分となることも見据えて、教育委員会と十分に連携**し、情報共有しておくことが必要です。

　それでもなおB教員が従わない場合には、処分を検討することとなりますが、**教育委員会が処分を行う前提として、法律に定める懲戒事由に該当することを明確にする必要**があります。加えて、教育委員会としては処分を行った教員から訴訟を提起されることも想定しておかなければなりません。このため、校長としては、B教員の勤務状況、保護者や来校者からの批判の内容、校長のこれまでの指導内容及びこれに対するB教員の対応等の情報を、具体的事実に基づいて正確に把握・整理し、教育委員会と共有することが必要となります。

教員という職業がもつ魅力

K「第8講は問題のある教員というテーマでしたが、学校現場は、このような教員ばかりではないように思うのですが。」

T「問題のある教員への対応を誤ってしまうと、その教員のためにもならないし、子供たちへの影響も計り知れないので、適切な対応について学んでほしくてこのようなテーマを取り上げたんだよ。僕も、学校現場では、熱心に教育活動に取り組んでいる先生方がほとんどだと思っている。」

K「マスコミをはじめとして、教員への風当たりが厳しくなってきているように思えるのは、僕だけでしょうか。」

T「教員は全人格的に子供を教育する職業として、そして公立学校の場合は公務員として、他の職よりも信頼が求められる崇高な職業であることは間違いないから、厳しく批判されることがあるのも無理はない。一方で、マスコミは問題のある教員や不祥事のニュースを取り上げるだけでなく、文部科学大臣による優秀教職員表彰のような明るい話題ももっと取り上げてほしいね。」

> (参考) 文部科学大臣優秀教職員表彰
> 　優れた成果を挙げた教職員を表彰することによって、教職員の意欲を高め、資質能力の向上に資することを目的として、文部科学省では平成18年度から全国の国公私立学校の現職の教職員（校長等の管理職を除く）を対象に大臣表彰を実施している。
> 　平成29年度の被表彰者は、734名（国立22名、公立692名、私立20名）。

K「大臣表彰される先生は、周りの先生からも『ああいう先生になりたい！』と思われるような素晴らしい先生であり続けてほしいですね。文部科学省は、現場で子供たちと真剣勝負している素晴らしい先生の存在を、もっともっとアピールしていかなければなりませんね。」

T「その通り。そして、教職の魅力を高め、優れた人材が教員を目指し、授業を中心とする教育活動に専念できる環境を整えることが重要だ。
　ベネッセ教育総合研究所による第5回学習指導基本調査（2010年）によると、教職の魅力として、9割を超える教員が『子どもと喜怒哀楽をともにできる』『子どもとともに成長できる』と答えている。また、8割強の教員が『社会を支える人を育てることができる』『将来にわたって子どもの成長にかかわれる』『自分の専門知識やこれまでの経験をいかせる』としている。一方で、『長期休暇をとりやすい』『労働条件がよい』『社会的地位が高い』は4割に満たない。この結果からは、労働環境や処遇について課題と受け止めつ

つも、それを目の前の子供との関係性に感じる魅力で補っているともいえる。」

K「教職員の多忙化解消は、基本的に学校における働き方改革という文脈で議論されていますが、それにとどまらず**教職の輝きや誇りを取り戻すためのもの**という観点も忘れてはならないですよね。そして、これから教員になる学生たちのためにも、**教育環境や教育条件を充実し、持続可能で、いつの時代にも魅力的な仕事としていかなければならない**と思います。」

T「OECDの国際教員指導環境調査（TALIS）の2013年調査によれば、わが国の教員の職務状況や職場環境への満足度は、参加国平均を下回る傾向があるものの、『全体としてみれば、この仕事に満足している』とする教員の割合は少なくない（日本85.1％、参加国平均91.2％）。

　また、同調査では、『他の教員の授業を見学し感想を述べる』とした教員は、日本93.9％、参加国平均55.3％、『研修において他校の授業を見学した』とする教員は、日本51.4％、参加国平均19.0％となっている。このことからも分かるようにわが国の教員は研修意欲が高く、教員同士の学び合いがよく行われていると考えられる。そして、**日本を含む多くの参加国では、仕事への満足度は、他の教員の授業見学などを行った場合に統計的に有意に高いことも分かっている。**」

K「なるほど、教員としての指導力を高めるべく学び続けることが、教職のやりがいや満足感につながっていくということですね。

> 『子供たちのために』と思ってやっていることが、実は教員としての成長につながっていて、さらにそれが教職の魅力につながっていくという正の循環をつくっていきたいですよね。」
>
> T「本当にそう思う。教職は日々変化する子供の教育に携わり、その可能性を開くクリエイティブな職業だ。特に社会状況が急速に変化し、学校教育が抱える課題も複雑・多様化している現在にあっては、不断に最新の専門的知識や指導技術等を身に付けていくことが重要となっていて、『学びの精神』がこれまで以上に強く求められている。」
>
> K「一方で、今後10年から20年程度で、半数近くの仕事が自動化される可能性が高い（マイケル・オズボーン氏（オックスフォード大学准教授））という予測や、2045年頃には人工知能（ＡＩ）が人類を超える『シンギュラリティ』に到達するという指摘もあります。ＡＩの進化で教職も取って代わられるのではないか、今学校で教えていることは、時代が変化したら通用しなくなるのではないかという不安もありますよね。」
>
> T「教員に限らず人間がやっている仕事は、ＡＩに部分的に代替されていくだろう。しかし、ＡＩがいかに進化しようとも、それが行っているのは与えられた目的の中での処理であり、目的そのものを創り出す力があるわけではない。それにＡＩに生命や身体があるわけでもない。
>
> 　これからの不透明で変化の激しい時代を生きていく子供たちは、頭脳のみならず感性や身体を豊かに働かせながら、どのように社会

や人生をよりよいものにしていくのかといった目的そのものを自ら考え出していかなければならない。そして答えの無い課題に対して、多様な他者と協働しながら目的に応じた納得解を見いだす能力が必要だ。

　新しい学習指導要領においても重視されているこうした力を子供たちに身に付けさせるには、教員自身が変化に対して強靱な『アクティブラーナー』にならなければならないと思う。」

K「アラン・ケイ氏（カリフォルニア大学ロサンゼルス校准教授）は、『未来を予測する最善の方法は、それを発明すること』と述べていますね。これからの子供たちはもちろん教員にとっても、予測しづらい変化に受け身ではなく、主体的に関わりあい、その過程を通じて、よりよい社会と幸福な人生の創り手になっていくことが求められているのだと思います。」

T「教員は、いかなる時代にあっても、子供たちの将来の道しるべとなるべく、常に子供たちと共に成長していくことができる。そして**時代の流れとともに教職の性質に変化があろうとも、教育を通じて未来そのものを創っていくという尊い仕事であることは不変だ**といえると思う。我々文部科学省職員は、学び、成長し続ける先生方を全力で応援します！」

コラム

高校無償化法案はどのようにつくられた？
～法律立案プロジェクトチームのある一日～

　近年、教育費負担軽減が大きな政策課題であり続ける中、学校現場にインパクトをもたらした政策の一つといえば、平成22年4月に開始された高校授業料の実質無償化ではなかったでしょうか。最近では、平成29年12月に閣議決定された政府の経済政策パッケージにおいて、現行制度よりもさらに手厚く、年収590万円未満世帯を対象とした私立高校授業料の実質無償化を実現することが盛り込まれたことでも話題となりました。

　この政策の根拠たる法律の名称は、当初、「公立高等学校に係る授業料の不徴収及び高等学校等就学支援金の支給に関する法律」でしたが、その後、平成26年4月より、年収約910万円以上の高所得世帯の生徒等に対して所得制限が設けられ、これに伴い公立高校に係る授業料の不徴収制度と、私立高校等に係る高等学校等就学支援金制度との2本立てとなっていた制度が高等学校等就学支援金制度へ一本化され、法律名も現在では「高等学校等就学支援金の支給に関する法律」となっています。

　霞ヶ関にある中央省庁では、法律の立案などの大きな課題が生じると、各部署から職員を集めてプロジェクトチームを結成することがありますが、筆者二人は平成21年から22年にかけて、省内の高校無償化プロジェクトチームにおいて、この法律の立案作業に従事しました。

　法律の立案に当たっては、省内の法令審議室や内閣法制局という法律の番人たちによる重層的な審査を受け、作成した条文案の規定で本当に想定している政策的意図が実現できるのか、あらゆる角度からの徹底した検討が行われます。他国や過去の参考となる事例を網羅的に調べることはもちろんのこと、「てに

コラム

をは」の適切な使用に至るまで、深夜に及ぶ議論が繰り返されます。

　これらの審査を経て法案が閣議決定され、国会に提出されてからも、与野党の国会議員への説明や、各方面からの資料要求への対応、法案審議の際の大臣等の答弁用資料の作成など、膨大な作業が続きます。国会で成立したら一安心ではありますが、法律が施行されるまでに関係の政令や省令を整備したり、運用マニュアルやパンフレットを作成したり…こうしてようやく政策として日の目を見ることになります。

　高校授業料の実質無償化法案を立案していた当時の雰囲気は、下にある「高

図　高校無償化プロジェクトチームのある一日

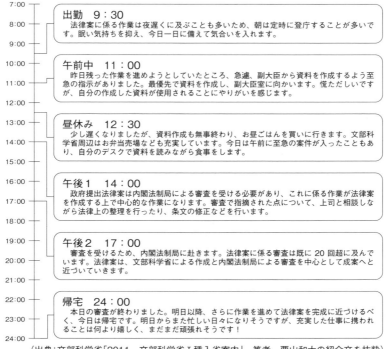

出勤　9：30
　法律案に係る作業は夜遅くに及ぶことも多いため、朝は定時に登庁することが多いです。眠い気持ちを抑え、今日一日に備えて気合いを入れます。

午前中　11：00
　昨日残った作業を進めようとしていたところ、急遽、副大臣から資料を作成するよう至急の指示がありました。最優先で資料を作成し、副大臣室に向かいます。慌ただしいですが、自分の作成した資料が使用されることにやりがいを感じます。

昼休み　12：30
　少し遅くなりましたが、資料作成も無事終わり、お昼ごはんを買いに行きます。文部科学省周辺はお弁当売場なども充実しています。今日は午前に至急の案件が入ったこともあり、自分のデスクで資料を読みながら食事をします。

午後1　14：00
　政府提出法律案は内閣法制局による審査を受ける必要があり、これに係る作業が法律案を作成する上で中心的な作業になります。審査で指摘された点について、上司と相談しながら法律上の整理を行ったり、条文の修正などを行います。

午後2　17：00
　審査を受けるため、内閣法制局に赴きます。法律案に係る審査は既に20回超に及んでいます。法律案は、文部科学省による作成と内閣法制局による審査を中心として成案へと近づいていきます。

帰宅　24：00
　本日の審査が終わりました。明日以降、さらに作業を進めて法律案を完成に近づけるべく、今日は帰宅です。明日からまた忙しい日々になりそうですが、充実した仕事に携われることは何より嬉しく、まだまだ頑張れそうです！

（出典：文部科学省「2011　文部科学省Ⅰ種入省案内」、筆者　栗山和大の紹介文を抜粋）

コラム

校無償化プロジェクトチームのある一日」を参照していただければと思います（平成21年の話ですので、随分前のことになってしまいましたが…、文部科学省への入省を希望する学生向けのリクルートパンフレットからの抜粋です）。プロジェクトチームに入ると、この日のように深夜まで作業が及ぶこともあります。その代わり、チームには家族のような一体感が生まれますし、法案が通過した際の充実感はひとしおです。

　これら法律立案の作業は、学校現場からはかなり遠く感じられると思いますが、学校や子供たちのことをできる限り近くにイメージしながら仕事（主に書類との格闘）をするように心がけています。

第9講
制限される政治的行為の判断

【キーワード】
◎教育公務員の政治的中立性　◎教育公務員特例法　◎人事院規則
◎公職選挙法

問題

問1　衆議院議員選挙や統一地方選挙の選挙運動のために、勤務時間内外を問わず、教員が学校の電話、FAX、パソコン、コピー機を用いることは違法なのか。

問2　教員が、電話やメールで特定の政党や候補者への投票を依頼することは違法なのか。

問3　教員が学校の職員室の壁に、「○○候補者の当選を期す」というようなポスターを貼ることは違法なのか。

問題のポイント

○地方公務員である教育公務員は、信用失墜行為の禁止、職務専念義務といった服務上の義務が課されている。

○教育公務員の政治的行為は、ほかの地方公務員とは異なり、教育公務員特例法により国家公務員と同様に制限されている。

○具体的には、人事院規則により、特定の政党や候補者を支持する目的をもって衆議院議員選挙などにおいて特定の政党や候補者に投票するように勧誘運動すること、特定の政党や候補者を支持する目的を有する文書、図画などを掲示することなどの禁止される政治的行為が定められている。

○また、公職選挙法により、教育者としての地位を利用して選挙運動をする

ことなどが禁止されている。

問題の背景

　本講は、教育公務員の政治的行為の制限に関するものです。ベテランの教員の方々からすると、本講は本書の題名にもなっている「現代的」な法的論点というよりは、むしろ「伝統的」な法的論点と思われるかもしれません。

　しかし、平成22年には、北海道教職員組合による違法政治献金事件に端を発し、北海道教育委員会などが実施した教員の服務規律に関する調査において、ビラ配りや電話かけなどの選挙運動を行ったり、見聞きしたりしたことがあると回答した教員が数百人にのぼるなど、**政治的行為の制限は、現在もなお重要な問題であり続けています**。文部科学省においては、教員の選挙運動の禁止について、衆議院議員総選挙、参議院議員通常選挙、統一地方選挙の際に、都道府県・指定都市教育委員会に通知を発出し、服務規律の確保を図るよう指導しています。

　また、教育公務員の政治的行為を制限することの目的である教育公務員の政治的中立性の確保の意義は、**全体の奉仕者である公務員としても、子供たちの教育に関わる教育者としても、重要なものとして理解する必要**があります。

　さらに、実務的にも、政治的行為の制限の関係法令はやや複雑であるため、具体的にどのような行為がどのような法令に照らして禁止されているのか、その判断は必ずしも容易ではありません。そこで、本講では具体的な行為を例に、教育公務員の政治的行為の制限について考えていきましょう。

関係法令の基礎知識

具体例を考える前に、まず、教育公務員の政治的行為の制限について、どのような関係法令があるのか押さえておきましょう。関係法令として挙げられるのは、①**地方公務員法**、②**教育公務員特例法**、③**国家公務員法・人事院規則14－7（政治的行為）**、④**公職選挙法**です。

まず、①地方公務員法です。地方公務員法第36条においては、地方公務員の政治的行為の制限について規定されています。

○地方公務員法

（政治的行為の制限）

第36条　職員は、政党その他の政治的団体の結成に関与し、若しくはこれらの団体の役員となつてはならず、又はこれらの団体の構成員となるように、若しくはならないように勧誘運動をしてはならない。

2　職員は、特定の政党その他の政治的団体又は特定の内閣若しくは地方公共団体の執行機関を支持し、又はこれに反対する目的をもつて、あるいは公の選挙又は投票において特定の人又は事件を支持し、又はこれに反対する目的をもつて、次に掲げる政治的行為をしてはならない。ただし、当該職員の属する地方公共団体の区域（当該職員が都道府県の支庁若しくは地方事務所又は地方自治法第252条の19第1項の指定都市の区若しくは総合区に勤務する者であるときは、当該支庁若しくは地方事務所又は区若しくは総合区の所管区域）外において、第一号から第三号まで及び第五号に掲げる政治的行為をすることができる。

一　公の選挙又は投票において投票をするように、又はしないように勧誘運動をすること。

二　署名運動を企画し、又は主宰する等これに積極的に関与すること。

三　寄附金その他の金品の募集に関与すること。

四　文書又は図画を地方公共団体又は特定地方独立行政法人の庁舎（特定地方独立行政法人にあつては、事務所。以下この号において同じ。）、施設等に掲

> 示し、又は掲示させ、その他地方公共団体又は特定地方独立行政法人の庁舎、施設、資材又は資金を利用し、又は利用させること。
> 五 前各号に定めるものを除く外、条例で定める政治的行為
> 3～5 （略）

　しかし、**教育公務員については、②教育公務員特例法により、地方公務員法第36条における政治的行為の制限は適用がありません。**

　教育公務員特例法は、その名の通り、教育公務員について、地方公務員法の特例を定める法律であり、教育公務員特例法第18条においては、以下のように規定されています。

> ○**教育公務員特例法**
> （公立学校の教育公務員の政治的行為の制限）
> 第18条　**公立学校の教育公務員の政治的行為の制限については、**当分の間、地方公務員法第36条の規定にかかわらず、**国家公務員の例による。**
> 2　前項の規定は、政治的行為の制限に違反した者の処罰につき国家公務員法（昭和22年法律第120号）第110条第1項の例による趣旨を含むものと解してはならない。

　教育公務員については、このような特例が設けられ、他の地方公務員とは異なり、国家公務員と同様の政治的行為の制限が適用される（ただし、同条第2項により、刑罰は科されないこととなっている）のです。どうしてそのような仕組みになっているのかは「コラム」に譲るとして、それでは、国家公務員の政治的行為の制限とはどのようなものでしょうか。

　それを規定しているのが、③**国家公務員法と人事院規則14－7（政治的行為）**です。国家公務員法第102条においては、国家公務員の政治的行為の制限について規定されています。

表　地方公務員・教育公務員・国家公務員の政治的行為の制限

	地方公務員	教育公務員	国家公務員
根拠法令	地方公務員法第36条	教育公務員特例法第18条	国家公務員法第102条
制限の内容	地方公務員法第36条、条例	国家公務員法第102条、人事院規則14－7	国家公務員法第102条、人事院規則14－7
制限の適用地域	原則当該地方公共団体	全国	全国
刑罰	なし	なし	あり
懲戒処分等	あり	あり	あり

○国家公務員法

（政治的行為の制限）

第102条　職員は、政党又は政治的目的のために、寄附金その他の利益を求め、若しくは受領し、又は何らの方法を以てするを問わず、これらの行為に関与し、あるいは選挙権の行使を除く外、**人事院規則で定める政治的行為をしてはならない**。

2　職員は、公選による公職の候補者となることができない。

3　職員は、政党その他の政治的団体の役員、政治的顧問、その他これらと同様な役割をもつ構成員となることができない。

同条第1項においては、「職員は、…人事院規則で定める政治的行為をしてはならない」とされ、禁止される政治的行為の詳細は人事院規則14－7（政治的行為）（以下「人事院規則」という）で定められています。

○人事院規則14－7（政治的行為）

1～4　（略）

（政治的目的の定義）

5　法及び規則中政治的目的とは、次に掲げるものをいう。政治的目的をもつてなされる行為であつても、第6項に定める政治的行為に含まれない限り、法第

102条第1項の規定に違反するものではない。
一　規則14−5に定める公選による公職の選挙において、特定の候補者を支持し又はこれに反対すること。
二　最高裁判所の裁判官の任命に関する国民審査に際し、特定の裁判官を支持し又はこれに反対すること。
三　特定の政党その他の政治的団体を支持し又はこれに反対すること。
四　特定の内閣を支持し又はこれに反対すること。
五　政治の方向に影響を与える意図で特定の政策を主張し又はこれに反対すること。
六　国の機関又は公の機関において決定した政策（法令、規則又は条例に包含されたものを含む。）の実施を妨害すること。
七　地方自治法（昭和22年法律第67号）に基く地方公共団体の条例の制定若しくは改廃又は事務監査の請求に関する署名を成立させ又は成立させないこと。
八　地方自治法に基く地方公共団体の議会の解散又は法律に基く公務員の解職の請求に関する署名を成立させ若しくは成立させず又はこれらの請求に基く解散若しくは解職に賛成し若しくは反対すること。

（政治的行為の定義）
6　法第102条第1項の規定する政治的行為とは、次に掲げるものをいう。
一　政治的目的のために職名、職権又はその他の公私の影響力を利用すること。
二　政治的目的のために寄附金その他の利益を提供し又は提供せずその他政治的目的をもつなんらかの行為をなし又はなさないことに対する代償又は報復として、任用、職務、給与その他職員の地位に関してなんらかの利益を得若しくは得ようと企て又は得させようとすることあるいは不利益を与え、与えようと企て又は与えようとおびやかすこと。
三　政治的目的をもつて、賦課金、寄附金、会費又はその他の金品を求め若しくは受領し又はなんらの方法をもつてするを問わずこれらの行為に関与すること。
四　政治的目的をもつて、前号に定める金品を国家公務員に与え又は支払うこと。
五　政党その他の政治的団体の結成を企画し、結成に参与し若しくはこれらの

行為を援助し又はそれらの団体の役員、政治的顧問その他これらと同様な役割をもつ構成員となること。
六　特定の政党その他の政治的団体の構成員となるように又はならないように勧誘運動をすること。
七　政党その他の政治的団体の機関紙たる新聞その他の刊行物を発行し、編集し、配布し又はこれらの行為を援助すること。
八　政治的目的をもつて、第５項第一号に定める選挙、同項第二号に定める国民審査の投票又は同項第八号に定める解散若しくは解職の投票において、投票するように又はしないように勧誘運動をすること。
九　政治的目的のために署名運動を企画し、主宰し又は指導しその他これに積極的に参与すること。
十　政治的目的をもつて、多数の人の行進その他の示威運動を企画し、組織し若しくは指導し又はこれらの行為を援助すること。
十一　集会その他多数の人に接し得る場所で又は拡声器、ラジオその他の手段を利用して、公に政治的目的を有する意見を述べること。
十二　政治的目的を有する文書又は図画を国又は特定独立行政法人の庁舎（特定独立行政法人にあつては、事務所。以下同じ。）、施設等に掲示し又は掲示させその他政治的目的のために国又は特定独立行政法人の庁舎、施設、資材又は資金を利用し又は利用させること。
十三　政治的目的を有する署名又は無署名の文書、図画、音盤又は形象を発行し、回覧に供し、掲示し若しくは配布し又は多数の人に対して朗読し若しくは聴取させ、あるいはこれらの用に供するために著作し又は編集すること。
十四　政治的目的を有する演劇を演出し若しくは主宰し又はこれらの行為を援助すること。
十五　政治的目的をもつて、政治上の主義主張又は政党その他の政治的団体の表示に用いられる旗、腕章、記章、えり章、服飾その他これらに類するものを製作し又は配布すること。
十六　政治的目的をもつて、勤務時間中において、前号に掲げるものを着用し

> 又は表示すること。
> 十七　なんらの名義又は形式をもつてするを問わず、前各号の禁止又は制限を免れる行為をすること。
> 7・8　（略）

　人事院規則においては、第6項で17の具体的な政治的行為が規定されており、また、その多くが、第5項で規定されている8の具体的な政治的目的のいずれかをもって行為が行われる場合に禁止される政治的行為となるという仕組みになっています。言い換えれば、多くの場合、政治的行為と政治的目的のいずれかが欠けた場合には違法とならないということです。

　最後に、④公職選挙法です。公職選挙法は、①～③とは異なり、公務員の人事行政に関する法令ではなく、選挙が公明かつ適正に行われることを確保するという観点から諸々の制限を規定するものであり、同法では、第136条の2第1項において、**地方公務員がその地位を利用して選挙運動をすること**、第137条において、**教育者が学校の児童生徒などに対する教育上の地位を利用して選挙運動をすることが禁止されている**ことを押さえておきましょう。

> ○公職選挙法
> （公務員等の地位利用による選挙運動の禁止）
> **第136条の2**　次の各号のいずれかに該当する者は、その地位を利用して選挙運動をすることができない。
> 　一　国若しくは地方公共団体の公務員又は行政執行法人若しくは特定地方独立行政法人の役員若しくは職員
> 　二　（略）
> 2　（略）
> （教育者の地位利用の選挙運動の禁止）
> **第137条**　教育者（学校教育法（昭和22年法律第26号）に規定する学校及び就学

> 前の子どもに関する教育、保育等の総合的な提供の推進に関する法律（平成18年法律第77号）に規定する幼保連携型認定こども園の長及び教員をいう。）は、学校の児童、生徒及び学生に対する教育上の地位を利用して選挙運動をすることができない。

　なお、ここでいう教育者には、公務員である公立学校の教員のみではなく、公務員ではない国立学校及び私立学校の教員（国立学校の教員は、従前は国家公務員でしたが、平成16年度から国立大学が法人化したことに伴い、公務員ではなくなっています）も含まれることになります。
　さて、ここまでいかがだったでしょうか。これらの法令を前提に、具体的な問題を考えていきましょう。

解説

問1　選挙運動のための学校備品の使用

　問1について、人事院規則で規定されている政治的行為の中で、該当しそうなものはあるでしょうか。いきなりひっかけのようですが、電話の相手や内容、FAXで送付する文書の内容などに応じ、政治的行為に該当する場合はありうるものの、**電話、FAX、パソコン、コピー機などを使用することのみをもってただちに政治的行為に該当するものではない**と考えられます。それでは、職務とは関係のない選挙運動のために、これらの学校備品を用いること、すなわち、私的目的のために、住民の税金により賄われている学校備品を用いることが許されるのでしょうか。
　当然、答えは「NO」ですが、それでは、どのような根拠に基づいてこのような行為が違法であるといえるのでしょうか。
　ここで登場するのが第8講でも紹介した地方公務員法第33条です。

第9講　制限される政治的行為の判断

> ○地方公務員法
> （信用失墜行為の禁止）
> **第33条**　職員は、その職の信用を傷つけ、又は職員の職全体の不名誉となるような行為をしてはならない。

　信用失墜行為とは、同条が規定するように、職員の職の信用を傷つけ、または、職員の職全体の不名誉となるような行為です。私的目的のために、住民の税金により賄われている学校備品を用いることは、そのような行為を行う教育公務員本人のみならず、保護者や地域住民の学校教育に対する信頼をも傷つけることになるため、この**信用失墜行為に該当し、地方公務員法第33条に抵触する**と考えられます。

　また、同法第35条においては、地方公務員の職務専念義務が規定されています。

> ○地方公務員法
> （職務に専念する義務）
> **第35条**　職員は、法律又は条例に特別の定がある場合を除く外、その勤務時間及び職務上の注意力のすべてをその職責遂行のために用い、当該地方公共団体がなすべき責を有する職務にのみ従事しなければならない。

　職務専念義務とは、同条が規定するように、職員は勤務時間及び職務上の注意力の全てをその職責の遂行に用いて、当該地方公共団体が責任を有する職務に専念しなければならないということであり、職務とは関係のない選挙運動のために学校備品を用いることは、それが**勤務時間中に行われた場合には、この職務専念義務違反ともなり、地方公務員法第35条にも抵触する**ことになります。

　「関係法令の基礎知識」において、教育公務員については、教育公務員特

例法第18条により、地方公務員の政治的行為の制限を規定する地方公務員法第36条は適用がないことを説明しましたが、教育公務員も地方公務員であるため、このような特例がない限りは地方公務員法が適用されます。したがって、地方公務員法第33条及び第35条に抵触するような行為があれば、そのような行為は教育公務員であっても当然違法となるのです。

問2　電話やメールによる特定の政党や候補者への投票依頼

問2について、人事院規則で規定されている政治的行為の中で、該当しそうなものはあるでしょうか。特定の政党や候補者への投票を依頼するわけですから、**第6項第8号、さらに、行為の態様によっては同項第1号にも該当しうる**と考えられます。

○人事院規則14-7（政治的行為）【再掲】

1～5　（略）

（政治的行為の定義）

6　法第102条第1項の規定する政治的行為とは、次に掲げるものをいう。

　一　政治的目的のために職名、職権又はその他の公私の影響力を利用すること。

　二～七　（略）

　八　政治的目的をもって、第5項第一号に定める選挙（※）、同項第二号に定める国民審査の投票又は同項第八号に定める解散若しくは解職の投票において、投票するように又はしないように勧誘運動をすること。

　九～十七　（略）

7・8　（略）

※衆議院議員選挙、参議院議員選挙、地方公共団体の長や議会の議員の選挙など。

　詳しく検討するために、人事院が人事院規則の運用の方針について定めている、「人事院規則14-7（政治的行為）の運用方針について（昭和24年10月21日法審発第2078）」（以下「運用方針」という）をみていきましょう。

　第8号の勧誘運動について、運用方針においては、「『勧誘運動をするこ

と』とは**組織的、計画的、又は継続的に、勧誘をすることを**いい、例えば党員倍加運動のごときはその例である」「従つて、選挙に際したまたま街頭であつた友人に投票を依頼するような行為は該当しない」とされています。

したがって、**この場合の投票依頼が第8号の勧誘運動に該当するかどうかは、**「**組織的、計画的、又は継続的に、勧誘**」**しているかどうかで判断する**こととなり、これについては、個別具体の行為の態様に照らし、任命権者である教育委員会が最終的に判断することになります。しかしながら、例えば、**職員団体が、教育公務員である構成員に投票依頼先を割り振り、それに基づき構成員が数か月間にわたり電話やメールによる投票依頼を実施するような場合、第8号の勧誘運動に該当しうるものと考えられます。**

次に、第1号について、運用方針で、「…公務員としての地位においてであると、私人としての地位においてであるとを問わず、政治的目的の為に自己の影響力を利用する行為を政治的行為としてこれを禁止する趣旨」とし、「たとえば、上官が部下に対し、選挙に際して投票を勧誘し、あるいは職員組合の幹部が組合員に対し、入党を勧誘するためにその地位を利用するような行為は違反となる」とされています。

したがって、この場合の投票依頼が第1号に該当するかどうかは、運用方針に抵触するような態様で行われているかどうかで判断することとなり、これについても、個別具体の行為の態様に照らし、任命権者である教育委員会が最終的に判断することになります。

また、「関係法令の基礎知識」においても紹介しましたが、第8号の勧誘運動、第1号の公私の影響力利用の場合は、行為を政治的目的をもって行うことによって禁止される政治的行為になりますので、本問の場合には明らかではありますが、特定の候補者や政党を支持する目的（第5項第1号、第3号）の行為であることも要件となります。

さらに、この場合の投票依頼が地方公務員としての地位を利用した選挙運動、ないしは、学校の児童生徒に対する教育上の地位を利用した選挙運動であれば、公職選挙法第136条の2第1項、第137条にも違反することとなります。

○公職選挙法【再掲】

（公務員等の地位利用による選挙運動の禁止）

第136条の2　次の各号のいずれかに該当する者は、その地位を利用して選挙運動をすることができない。

一　国若しくは地方公共団体の公務員又は行政執行法人若しくは特定地方独立行政法人の役員若しくは職員

二　（略）

2　（略）

（教育者の地位利用の選挙運動の禁止）

第137条　教育者（学校教育法（昭和22年法律第26号）に規定する学校及び就学前の子どもに関する教育、保育等の総合的な提供の推進に関する法律（平成18年法律第77号）に規定する幼保連携型認定こども園の長及び教員をいう。）は、学校の児童、生徒及び学生に対する教育上の地位を利用して選挙運動をすることができない。

　地方公務員ないしは教育者としての地位を利用した選挙運動とは、その地位に伴う影響力を利用した選挙運動のことであり、具体的にどのような場合に地位を利用したものとなるかについては、個別具体の事実関係により判断されることになります。本問に即して考えれば、例えば、**教員が児童生徒に対する教育者としての地位を利用して、直接その児童生徒の保護者に電話で特定の政党や候補者への投票を依頼することは、地位利用に該当しうると考えられます**が、他方、保護者に対する投票依頼であっても、教員と保護者との個人的な関係に基づく投票依頼であり、児童生徒に対する教育者としての地位を利用していない場合には、該当しないことになります。

第9講　制限される政治的行為の判断

問3　職員室の壁に特定の候補者のポスターを貼る行為

最後に、問3について、人事院規則で規定されている政治的行為の中で、該当しそうなものはあるでしょうか。特定の候補者を支持するポスター、すなわち、文書ないしは図画を掲示するわけですから、**第6項第13号に該当しうる**と考えられます。

○人事院規則14－7（政治的行為）【再掲】

1～5　（略）

（政治的行為の定義）

6　法第102条第1項の規定する政治的行為とは、次に掲げるものをいう。

　一～十二　（略）

　十三　政治的目的を有する署名又は無署名の文書、図画、音盤又は形象を発行し、回覧に供し、掲示し若しくは配布し又は多数の人に対して朗読し若しくは聴取させ、あるいはこれらの用に供するために著作し又は編集すること。

　十四～十七　（略）

7・8　（略）

詳しく検討するために、再度、人事院による運用方針をみていきましょう。まず、人事院規則上の「文書、図画」については、「新聞、図書、書簡、壁新聞、パンフレット、リーフレット、ビラ、チラシ、プラカード、**ポスター**、絵画、グラフ、写真、映画の外、黒板に文字又は図形を白墨で記載したもの等も含まれる」とされています。また、第13号の行為については、「行為者の政治的目的のためにする意思の有無を問わず、**行為の目的物が、政治的目的を有するものであれば足りる**」とされています。**本問のポスターが、人事院規則第5項第1号の「公選による公職の選挙において、特定の候補者を支持…すること」を目的としていることは明らか**と考えられ、最終的には、個別具体の行為の態様に照らし、任命権者である教育委員会が判断することとなるものの、通常、本問の行為は違法となるものと考えられます。

また、公職選挙法第143条及び第145条第１項においては、選挙運動のために使用するポスターについて、掲示場所の制限などが規定されており、個別具体の事実関係次第では、これらの規定にも抵触する可能性があることに留意する必要があります。

○公職選挙法
（文書図画の掲示）
第143条　選挙運動のために使用する文書図画は、次の各号のいずれかに該当するもの（衆議院比例代表選出議員の選挙にあつては、第一号、第二号、第四号、第四号の二及び第五号に該当するものであつて衆議院名簿届出政党等が使用するもの）のほかは、掲示することができない。

　一～四の三　（略）

　五　前各号に掲げるものを除くほか、選挙運動のために使用するポスター（参議院比例代表選出議員の選挙にあつては、公職の候補者たる参議院名簿登載者が使用するものに限る。）

２　（略）

３　衆議院（小選挙区選出）議員、参議院（選挙区選出）議員又は都道府県知事の選挙については、第１項第四号の三の個人演説会告知用ポスター及び同項第五号の規定により選挙運動のために使用するポスター（衆議院小選挙区選出議員の選挙において候補者届出政党が使用するものを除く。）は、第144条の２第１項の規定により設置されたポスターの掲示場ごとに公職の候補者１人につきそれぞれ１枚を限り掲示するほかは、掲示することができない。

４　第144条の２第８項の規定によりポスターの掲示場を設けることとした都道府県の議会の議員並びに市町村の議会の議員及び長の選挙については、第１項第五号の規定により選挙運動のために使用するポスターは、同条第８項の規定により設置されたポスターの掲示場ごとに公職の候補者１人につきそれぞれ１枚を限り掲示するほかは、掲示することができない。

５～19　（略）

第9講　制限される政治的行為の判断

（ポスターの掲示箇所等）
第145条　何人も、衆議院議員、参議院（比例代表選出）議員、都道府県の議会の議員又は市町村の議会の議員若しくは長の選挙（第144条の2第8項の規定によりポスターの掲示場を設けることとした選挙を除く。）については、国若しくは地方公共団体が所有し若しくは管理するもの又は不在者投票管理者の管理する投票を記載する場所には、第143条第1項第五号のポスターを掲示することができない。ただし、橋りよう、電柱、公営住宅その他総務省令で定めるもの並びに第144条の2及び第144条の4の掲示場に掲示する場合については、この限りでない。
2・3　（略）

選挙権年齢引下げをめぐる議論

K「いやあ、政治的行為の制限はいくつもの法令が関わってくるので少し難しかったですね。公務員の政治的中立性は普遍的に求められるものである一方で、国家公務員には刑罰があり、教育公務員を含む地方公務員には刑罰がなかったりするなど、複雑な仕組みになっているので奥深いですよね。」

T「そうだね、そのあたりの歴史は次のコラムで少し勉強するとしよう。さて、政治的中立性といえば、新たな話題があることを知っているかい。」

K「ふふ、そうくると思って勉強しておきました、選挙権年齢引下げに伴う学校教育における政治的中立性確保の話ですよね。**平成27年の公職選挙法改正によって選挙権年齢が18歳以上へ引き下げられ、高校生が在学中から有権者となることになりました。**国政選挙ではすでに平成28年の参議院議員通常選挙、平成29年の衆議院議員総選挙で高校生を含む18歳以上の国民が投票していますよね。確か、文部科学省が選挙権年齢引下げに当たって発出した通知が報道等で話題になっていた記憶があるのですが。」

T「よく覚えているね。その通知は、『高等学校等における政治的教養の教育と高等学校等の生徒による政治的活動等について（平成27年10

月29日文部科学省初等中等教育局長通知)』だね。この平成27年通知の内容も非常に重要だけれども、発出当時の話題の一つは、別の通知『高等学校における政治的教養と政治的活動について(昭和44年10月31日文部省初等中等教育局長通知)』を廃止し、選挙権年齢引下げを契機として46年ぶりに通知の内容が見直されたことだったんだ。」

K「46年ぶり…、ほぼ半世紀ぶりの見直しだったんですね。あ、でも文部科学省のホームページで見れますね、昭和44年通知の最初の一文は、『大学紛争の影響等もあって、最近、一部の高等学校生徒の間に、違法または暴力的な政治的活動に参加したり、授業妨害や学校封鎖などを行ったりする事例が発生しているのは遺憾なことである。』となっていて、現在との時代背景の違いがよくわかります。

　昭和44年通知の内容は、概ね、①授業における現実の具体的な政治の取扱いについては慎重を期さなければならないという観点から留意事項を示すとともに、②生徒の政治的活動について、当時の時代背景や選挙権年齢が20歳以上であることを前提に、学校内外を問わず、教育上の観点から『望ましくない』として指導するよう求めているものですね。これが平成27年通知によってどのように見直されたのでしょうか。」

T「平成27年通知では、政治的教養を育む教育について、公職選挙法等の改正を踏まえ、習得した知識を活用し、主体的な選択・判断を行い、他者と協働しながら様々な課題を解決していくという国家・社会の形成者としての資質や能力を育むことを一層期待するという立場に立っている。その上で、**学校や教員が政治的中立性に留意するとともに、教育において具体的な政治を扱うことと、生徒が具体的な政治的**

活動等を行うことは区別することが必要であるとしており、こうした観点から留意点をまとめているんだ。」

K「なるほど、指導に当たる教員にはバランスのある対応が求められるわけですね。平成27年通知の内容をもう少し詳しく見てみましょう。
　政治的教養を育む教育については、授業において、**①現実の具体的な政治を取り扱うことや、②模擬選挙や模擬議会など実践的な教育活動を積極的に行うことを明確化**した上で、以下のような留意事項を示しています。

（留意事項）
○　学習指導要領に基づき、校長を中心に学校として指導のねらいを明確にし、系統的、計画的な指導計画を立てて実施。
○　一つの結論よりも結論に至るまでの冷静で理性的な議論の過程が重要。また、多様な見方や考え方のできる事柄等を取り上げる場合には、様々な見解を提示することなどが重要。
○　教員は個人的な主義主張を述べることは避け、公正かつ中立な立場で生徒を指導。指導が全体として特定の政治上の主義等を支持・反対することとならないよう、また、学校の内外を問わず地位を利用した結果とならないように留意。

　また、公職選挙法等の改正は、若い人々の意見を政治に反映させていくことが望ましいという意図に基づくものである一方、学校は、教育基本法第14条第2項に基づき政治的中立性を確保することが求められ、高校は学校教育法等に定める目標を達成するべく生徒を教育する公的な施設であること等を踏まえると、**高校生の政治的活動等は必要**

かつ合理的な範囲内で制約を受けるとした上で、以下のような留意事項を示しています。

（留意事項）
○ 授業のみならず、生徒会活動、部活動等も学校の教育活動の一環であり、生徒が教育活動の場を利用して政治的活動等を行うことは、これを禁止することが必要。
○ 放課後や休日等であっても、学校の構内においては、学校施設の物的管理の上での支障、他の生徒の日常の学習活動等への支障等が生じないよう、制限又は禁止することが必要。
○ 放課後や休日等に、学校の構外で行われる政治的活動等については、
 ・ 違法なもの等は制限または禁止することが必要。また、学業や生活に支障があると認められる場合などは適切に指導を行うことが求められる。
 ・ 満18歳以上の生徒の選挙運動は尊重することになること。その際、生徒が法令に違反することがないよう、公職選挙法上特に気を付けるべき事項などについて周知すること。
 ・ 放課後・休日等の構外での政治的活動等は、家庭の理解の下、生徒が判断し行うものであること。その際、生徒の政治的教養が適切に育まれるよう、学校・家庭・地域が十分連携することが望ましいこと。

いやあ、以上は平成27年通知の概要だけですが、本当に勉強になります。」

T「それだけ平成27年通知は重要かつ丁寧なものということだね。現在、高校を中心とする学校現場ではこうした内容を踏まえて対応しているんだ。」

K「なるほど。ここまでで現在の考え方や留意すべき事項はよく分かったのですが、選挙権年齢引下げは実施時期が前もって明確に決まっていたわけでもありませんし、歴史的な出来事でもあり、高校等で教員が政治的教養を育む教育を進めるに当たって御苦労があるのではないでしょうか。」

T「そうだね、この問題にかかわらず、必要なこととはいえ、時代の変化に合わせた対応が教員の負担を大きくしていることには教育行政を進める上で十分留意しなければいけないね。文部科学省と総務省は、政治的教養を育む教育の充実に資するべく、平成27年に政治や選挙等に関する副教材『私たちが拓く日本の未来』を作成して高校生に配布するとともに、併せて教師用指導資料も作成して教員に配布したんだ。文部科学省ホームページで見ることもできる。」

K「そうなんですね、もちろん教員の指導力が最も重要ですが、副教材があることは心強いですね。それにしてもこの副教材、大人でも読み応えありますね、ディベートや模擬選挙についても実践的にできるようになっていますし。
　さて、ここまで選挙権年齢引下げをめぐる議論を見てきましたが、我々が従事している文部科学行政も、選挙の結果に大きな影響を受けるものですし、少子高齢化をはじめあらゆる面で激動している今の社会であるからこそ、若者が国家や社会の形成者として、言い換えれば

『我が事』として、その在り方を深く考え、議論し、選挙を含めた各々の行動につなげていくことは重要なことだと感じます。その意味で、選挙権年齢引下げは大事な契機ですね。先輩、我々も若手として早速熱いディベートをやってみましょう！　あ、でも、喋っていたらそろそろお腹が空いてきました…」

T「おい…それじゃあ今日は新橋（注：新橋は文部科学省がある霞ヶ関から徒歩圏）で1杯といきますかっ！」

K「は〜い。」

コラム

コラム
どのように教特法が改正されたのか?
〜昭和29年当時の時代背景〜

　教育公務員特例法（以下「教特法」という）は昭和24年に制定されましたが、制定当時の教特法においては、第9講で紹介した現在の第18条第1項に相当する規定、すなわち、教育公務員の政治的行為の制限を国家公務員と同様の取扱いとする旨の規定はなく、他の地方公務員と同様の扱いとされていました。

　教育公務員の政治的行為の制限を国家公務員と同様の取扱いとする教特法の改正は、昭和29年に行われましたが、改正が行われた当時の時代背景をわかりやすく示す資料として、昭和29年の中央教育審議会の答申「教員の政治的中立性維持に関する答申」から、少し長くなりますが一部を引用します。

　「教員の政治的中立性に関する問題のうち最も重要なるは、高等学校・中学校・小学校教員の大部分を包容する日教組の行動があまりに政治的であり、しかもあまりに一方に偏向している点と、その決議、その運動方針が組合員たる50万の教員を拘束している点とその教員の授業を受くる1,800万の心身未成熟の生徒・児童の存在する点とにある。

　日教組が地方公務員法に基く職員団体の任意の連合体であり、その結成そのものはもとより自由であろうが、その活動の現状をみるに前述のとおりであって、その組合員たる教員が、組合の政治的方針を学校内に持ち込んで、直接教育に当ることあるを考えれば、まことに憂慮にたえないものがある。もちろん、現在すべての教育がかくのごとくであるとは信じないけれども、これを放任することは、やがて救うべからざる事態を惹起するであろう。

　したがって教員の組織する職員団体およびその連合体が、**年少者の純白な政**

コラム

治意識に対し、一方に偏向した政治的指導を与える機会を絶無ならしむるよう適当な措置を講ずべきである。」

　上記の中教審答申に見られるように、当時は、日教組（日本教職員組合）の組合員である教員を中心として、**教育公務員の政治的中立性について疑問を抱かせる事例（※1）**が多々発生し、このような問題に対する対応策の必要性について議論がなされていたところであり、教特法の改正はこのような時代背景の中で行われたものです。
　また、地方公務員の中でも教育公務員の政治的行為の制限についてのみ国家公務員と同様の取扱いとすることについては、教特法改正案の提案理由として、大達文部大臣（当時）は、「**教育は、国民全体に直接責任を負つて行われるべきものであり、一地方限りの利害に関することではないのでありますから、**職員の政治的中立性を保障して、その職員の職務たる学校における教育の公正な運営を確保するに必要な職員の政治的行為の制限に関しましては、公立学校の教育公務員を国立学校の教育公務員と区別して規制することは適当でない」と説明しており、教育公務員の職務の特殊性を考慮したものであるとしています。
　一方、現在の教特法第18条第2項においては、政治的行為の制限に違反した教育公務員について、国家公務員法の規定とは異なり、**刑罰を科さないこととしています（※2）**。これは、昭和29年に政府が提出した教特法改正の原案では、刑罰を科すことも含めて国家公務員と同様の取扱いとすることとされていたものの、国会における審議の中で、当時、参議院で議席上キャスティングボートを握っていた会派であった緑風会より、原案から刑罰規定を除く修正案が提出され、可決されたことによるものです。
　修正案を提出した際の趣旨として、緑風会の提案者は、「他律的な或いは他動的な制約を加えてこれの目的を達するということでありますが、これは言わずともこの憲法の**基本的人権に最も関係の深いことから申しましても、又反省**

に求める精神から言つて必要な最小限度にこの制約をする、又罰則をつけるということが私は至当である、かように考えるのでありまして、これがこの理由の第一点であります。次にできるだけ教育界の内部、教育行政の手によってこれを矯正することを考えてもらいたい。すぐに人に頼んでほかの方法でこれを直そうとしないで、教育界内部でやり、教育行政の手でこれを直すことを、どうして考えられないか。これが特例法におきましてはこの刑罰を行政罰といたすゆえんであります」と説明しており、このような国会における議論を経て、現在の規定、すなわち、教育公務員の政治的行為の制限については国家公務員と同様の取扱いとしつつも、刑罰は科さないという規定になっているのです。

※1　具体例として、①昭和24年、東京都の公立小学校、中学校の教員が受け持ち児童生徒の家庭を訪問し、その際、共産党入党のあいさつと称する宣伝ビラを配布したとされる「多田事件」、②昭和28年、当時山口県内で使用されていた山口県教職員組合文化部が編集した日記の欄外記事が不適当であるとして、岩国市教育委員会が使用を禁止したことに端を発した「山口日記事件」、③昭和28年、京都市立旭丘中学校の教育について一部父兄有志が校長に対して偏向教育の改善を申し入れたことに端を発した「旭丘中学校事件」などがあります。
※2　教特法に規定する政治的行為の制限に違反した場合、懲役・罰金といった刑罰を科されることはありませんが、任命権者である教育委員会による懲戒処分の対象となります。

第10講
学校現場における職員団体への対応

【キーワード】
◎登録職員団体　◎地方公共団体の当局としての校長　◎管理運営事項
◎協約締結権　◎書面協定

問題

　職員団体の学校分会から、教育委員会に対する人事の具申や勤務時間の割り振りについて交渉をしたいとの申入れを受けた。校長はどのように対応すべきか。

👉問題のポイント

○校長も、教育委員会から委任されている権限があれば、その限りで地方公共団体の当局として、地方公務員法上の交渉の申入れに対して応諾する義務が発生する。委任されている権限の例としては、勤務時間の割り振り、休暇の承認、執務環境の整備などが一般的である。

○ただし、市町村立の小中学校の校長が当局となる場合には、その地方公務員法上の交渉の申入れに対して応諾する義務が発生する職員団体は、当該市町村において登録を受けている職員団体となる。

○しかしながら、一般的には、学校分会は登録職員団体ではなく、そのような場合、そもそも校長に交渉の応諾義務が発生することはない（地方公務員法第55条第1項）。

○仮に、学校分会が登録職員団体である場合であっても、勤務条件である勤務時間の割り振りはともかく、管理運営事項である教育委員会に対する人事の具申については交渉を行う余地はない（地方公務員法第55条第3項）。

○また、法的拘束力のある団体協約を締結することはできない（地方公務員法第55条第2項）が、交渉の結果、法令、条例、地方公共団体の規則及び地方公共団体の機関の定める規程に抵触しない限りで、職員団体は地方公共団体の当局と書面による協定（書面協定）を結ぶことができる（地方公務員法第55条第9項）。
○この書面協定は、当該地方公共団体の当局及び職員団体の双方において、誠意と責任をもって履行しなければならない（地方公務員法第55条第10項）ものであるが、団体協約とは異なり、法的拘束力はない。
○地方公務員法上の交渉ではなく、事実上の話合いを校長と学校分会との間で行うときは、応諾義務は発生せず、話合いに応ずるかどうか、また、どのような範囲で応ずるかは、校長が任意に判断できることに留意する必要がある。
○なお、使用者側である校長はもちろん、職員団体側も、労使関係に対する保護者、地域住民の信頼を損なうことのないよう、交渉ルールの遵守を徹底する必要がある。

問題の背景

　学校現場における校長と職員団体との関係については、平成30年3月現在、比較的落ち着いた状況の地域が多いと思いますが、一方で、依然として多くの課題が存在している地域もあり、職員団体活動に関連して不適切な事例もみられるところです。そのような中、校長は、学校における労使関係の在り方について適切に理解することにより、教育委員会としっかりと連携しながら、万が一にも**学校現場の教育活動に支障がでないように努める必要が**あります。また、職員団体側も、交渉を通じて住民の税金によって賄われている給与等の勤務条件の決定プロセスに参画する以上、当然ながら、前提として、**法定されている労使関係に関するルールに従うことはもとより、勤務時間中の職員団体活動、政治的行為、学校施設の利用など、あらゆる側面に**

おいて職員団体及び個々の構成員の活動が法令遵守の考え方の下に適切に行われるようにし、決して児童生徒、保護者、地域住民の不信を招くことのないようにする必要があります。

　また、ここで本講の背景として、公務員の労働基本権に関する現状と議論を紹介します。現行制度において、警察・消防職員を除く非現業（主として行政職）の公務員については、労働基本権（団結権、団体交渉権、争議権）のうち、争議権が制約されているとともに、**団体交渉権については、団体交渉をすることは可能であるものの、その結果、法的拘束力のある団体協約**（団体交渉を通じ、労働組合と使用者との間に締結される契約）**を締結する権利（協約締結権）は制限されている**のが現状であり、これは、非現業の地方公務員である教育公務員にも当てはまります（**表1**）。

表1　地方公務員の労働基本権

	団結権	団体交渉権		争議権
			協約締結権	
非現業職員	○ （警察・消防職員は×）	△ （交渉は可能）	×	×

　このような公務員の労働基本権の制約の在り方については、長年、多くの議論がなされてきたところであり、それだけでも一冊の本が書けるような大きなテーマなのですが、ここでは、最もよく議論される、協約締結権に関する近年の動きを簡単に紹介します。

　最初に押さえておくべきは、政府における公務員制度改革に関する議論の集大成として平成20年6月に制定された国家公務員制度改革基本法の中で、国家公務員の労働基本権について、「政府は、協約締結権を付与する職員の範囲の拡大に伴う便益及び費用を含む全体像を国民に提示し、その理解のもとに、国民に開かれた自律的労使関係制度を措置するものとする」とされるとともに、地方公務員の労働基本権についても、「政府は、地方公務員の労働基本権の在り方について、…国家公務員の労使関係制度に係る措置に併

せ、これと整合性をもって、検討する」とされたことです。

これ以降、公務員への協約締結権の付与に関する検討が政府において進められ、平成23年4月には「国家公務員制度改革基本法等に基づく改革の『全体像』について」が、政府の国家公務員制度改革推進本部において決定されました。この「全体像」の中では、公務員への協約締結権の付与について、次のような記述がなされています。

○国家公務員制度改革基本法等に基づく改革の「全体像」について（平成23年4月5日　国家公務員制度改革推進本部決定）

Ⅱ　改革の具体的措置（各論）

1　自律的労使関係制度の措置

　労使が職員の勤務条件について真摯に向き合い、当事者意識を高め、自律的に勤務条件を決定し得る仕組みに変革し、時代の変化や新たな政策課題に対応し、主体的に人事・給与制度の改革に取り組むことにより、職員の意欲と能力を高め、有為な人材を確保・活用することが必要である。

　また、職員の側も、勤務条件の決定プロセスに参画し、相応の責任を負い、透明性を確保しつつ、自らの働きぶりに対する国民の理解の下に、勤務条件を決定する仕組みとすることが求められる。

　このため、行政の運営を担う公務員の人事・給与制度の全般について権限と責任を持つ体制を構築することと併せて、これらの措置を講ずることにより、新たな政策課題に迅速かつ果断に対応し、効率的で質の高い行政サービスの実現を図ることとする。

　具体的には、

①**非現業国家公務員に協約締結権を付与することとし**、団体交渉の対象事項、当事者及び手続、団体協約の効力、中央労働委員会によるあっせん、調停、仲裁

の手続等を定めることとする。このため、「国家公務員の労働関係に関する法律」（略）を新たに制定する。
②・③（略）
（略）
　また、地方公務員の労働基本権の在り方については、地方公務員制度としての特性等を踏まえた上で、関係者の意見も聴取しつつ、国家公務員の労使関係制度に係る措置との整合性をもって、速やかに検討を進める。

　そして、これを踏まえ平成23年６月には、「国家公務員の労働関係に関する法律案」が政府において閣議決定、国会に提出されるとともに、教育公務員を含む地方公務員についても、協約締結権を付与するために「地方公務員の労働関係に関する法律案」が平成24年11月に閣議決定、国会に提出されましたが、いずれの法律案も成立せず、廃案となっています。

○地方公務員の労働関係に関する法律案の概要（抜粋）
　地方公務員に自律的労使関係制度を措置するため、地方公務員の労働基本権を拡大することとし、団体交渉の対象事項、当事者及び手続、団体協約の効力、労働関係の調整手続等について定める。
（１）　労働組合
　労働組合の組織及び認証、組合役員の専従許可、不当労働行為の禁止等について定める。
（２）　団体交渉
　団体交渉事項の範囲、団体交渉の当事者及び手続、団体交渉の議事概要の公表等について定める。
（３）　団体協約

団体協約の範囲、団体協約を締結する当局、団体協約の効力等について定める。
(4) 不当労働行為に関する手続
不当労働行為事件の審査手続等に関する事項を定める。
(5) 地方公務員の労働関係の調整手続
地方公共団体の当局と労働組合との間に発生した紛争に関するあっせん、調停及び仲裁の手続を定める。

　本法律案に対しては、全国知事会などの地方六団体が、「地方公務員の実質的な身分保障を維持しつつ協約締結権を付与するものであり、『公務員優遇』の批判を免れず、給与決定に至る行政コストも増大すること…等の問題点」があるとともに、「制度設計上も地方の特性や多様性が考慮されておらず、…法案化に反対せざるを得ない」とした上で、「法律案は、依然として根本的な問題を内包しており、未だ議論が尽くされたものとなっておらず、地方の意見を真摯に反映しなければ、地方及び国民の理解を得ることは難し」く、「政府が法律案の閣議決定を行ったことは甚だ遺憾」との声明を発表しています（「地方公務員制度改革関連法案について」平成24年11月）。本法律案に対する地方公共団体側の反発は強く、関係者間で合意が形成されていたとは言い難い状況でした。

　その後、平成30年３月現在に至るまで、公務員への協約締結権付与については、政府において具体的な検討がなされている状況にはありませんが、今後、仮に検討が行われる場合には、教育公務員の職務の特殊性や学校現場の教育活動に与える影響も踏まえ、児童生徒、保護者、地域住民の不信を招くことのないよう、慎重に検討を進めることが必要と考えられます。

関係法令の基礎知識

それでは、「関係法令の基礎知識」にまいりましょう。関係法令としては、職員団体や団体交渉の関係規定が置かれている**地方公務員法**を見ていくこととなります。

交渉の基本的なルールについては、地方公務員法、とりわけ、同法第55条に規定されているため、条文の正しい理解がポイントになります。このため、本講では、「解説」よりも「関係法令の基礎知識」に比重を置くことになりますので、しっかりと確認していきましょう。

（1）職員団体（地方公務員法第52条第1項）

まず、職員団体の目的を規定している地方公務員法第52条第1項を確認しておきましょう。その目的は、「勤務条件の維持改善」であることが分かります。

> ○地方公務員法
> （職員団体）
> 第52条　この法律において「職員団体」とは、職員がその勤務条件の維持改善を図ることを目的として組織する団体又はその連合体をいう。
> 2～5　（略）

ここで、今さらではありますが、「職員団体」という言葉遣いに違和感がある方のために少し補足をしようと思います。というのも、多くの場合、職員団体の名称は「○○県教職員組合」といったように、「組合」という言葉を使用しているため、これらは「職員団体」ではなく、「労働組合」なのではないかという疑問を生じがちであるためです。

しかし、「労働組合」は労働組合法という法律に基づき、主に民間企業の労働者により組織されるものであって、非現業の地方公務員である教育公務員は組織できません。地方公務員の場合、民間企業の労働者との性質の差異（地位の特殊性、勤務条件決定の仕組みの相違）から、「労働組合」ではな

く、地方公務員法に基づく「職員団体」を組織することができるとされているのです。なお、「職員団体」と「労働組合」について、**表2**のように対比しましたので、参考としてください。

表2　職員団体と労働組合の違い

	職員団体	労働組合
根拠法令	地方公務員法	労働組合法
目的	「職員団体」とは、職員がその勤務条件の維持改善を図ることを目的として組織する団体またはその連合体をいう。	「労働組合」とは、労働者が主体となって自主的に労働条件の維持改善そのほか経済的地位の向上を図ることを主たる目的として組織する団体またはその連合団体をいう。
団結権	警察・消防職員には認められていない。	制約はない。
争議行為	できない（地方公務員法第37条）。	できる。
団体交渉	交渉はできるが、団体協約の締結権はない（地方公務員法第55条第2項）。なお、法令・条例・規則・規程に抵触しない限りで書面協定の締結は可能。誠意と責任をもって履行する義務があるが、法的拘束力はない。	労働協約の締結が可能。
交渉事項の制限	「管理運営事項」については交渉の対象とすることができない（地方公務員法第55条第3項）。	法令上の制限規定はない。

（2）職員団体の登録（地方公務員法第53条第1項、第55条第1項）

次に、地方公務員法第53条第1項をみましょう。

> ○地方公務員法
>
> （職員団体の登録）
>
> 第53条　職員団体は、条例で定めるところにより、理事その他の役員の氏名及び条例で定める事項を記載した申請書に規約を添えて**人事委員会又は公平委員会に登録を申請することができる。**
>
> 2〜10　（略）

　本項は職員団体の登録について定めている規定ですが、それでは、職員団体が登録を受けると、どのような効果が発生するのでしょうか。

　本講との関係でいえば、教育委員会や校長を含む**地方公共団体の当局には、地方公務員法55条第１項により、当該地方公共団体において登録を受けた職員団体（以下「登録職員団体」という）からの地方公務員法上の交渉の申入れについては、これに応諾する法的義務が発生する**ということがもっとも重要です。ただし、市町村立の小中学校の校長が交渉の当局となる場合であれば、その地方公務員法上の交渉の申入れに対して応諾する義務を発生させる職員団体は、当該市町村において登録を受けている職員団体です。したがって、一般に、都道府県において登録を受けている職員団体の下部組織である学校分会については、市町村の登録職員団体とならない限り、そもそも、市町村の当局である校長に交渉の応諾義務を発生させる余地はありません。

> ○地方公務員法
>
> （交渉）
>
> 第55条　地方公共団体の当局は、**登録を受けた職員団体**から、職員の給与、勤務時間その他の勤務条件に関し、及びこれに附帯して、社交的又は厚生的活動を含む適法な活動に係る事項に関し、適法な交渉の申入れがあつた場合においては、その申入れに応ずべき地位に立つものとする。
>
> 2〜11　（略）

(3) 職員団体と地方公共団体の当局との交渉（地方公務員法第55条第1項、第2項、第9項、第10項）

そして、ここから、本講との関係において中心的な役割を果たす地方公務員法第55条を本格的に見ていきます。なお、ここからは見やすさの観点から、条文を掲載する際に省略している項について「（略）」を付さないこととしますので、念のため。

まず、すでに登場している第1項においては、登録職員団体からの地方公務員法上の交渉の申入れに対して地方公共団体の当局に応諾する義務が発生することとなっていますが、それでは、登録を受けていない職員団体（非登録職員団体）からの交渉の申入れについてはどのように考えればよいでしょうか。

非登録職員団体も、地方公務員法上の職員団体であることに変わりはありません。すなわち、地方公共団体の当局と地方公務員法上の交渉を行うことができる職員団体ですので、当局は必要に応じて交渉を行うことが望ましくはありますが、交渉の申入れに応諾する法的義務はないということになります。

次は、第2項です。

> ○地方公務員法
> 第55条
> 2　職員団体と地方公共団体の当局との交渉は、**団体協約を締結する権利を含まないものとする。**

このように、法的拘束力がある団体協約を締結する権利（協約締結権）は制限されているところですが、第9項では書面協定を結ぶことはできるとされており、これについては**法的拘束力はない**ものの、第10項において、地方公共団体の当局と職員団体の**双方が誠意と責任をもって履行しなければならない**とされています。

> ○地方公務員法
> 第55条
> 9　職員団体は、法令、条例、地方公共団体の規則及び地方公共団体の機関の定める規程にてい触しない限りにおいて、当該地方公共団体の当局と書面による協定を結ぶことができる。
> 10　前項の協定は、当該地方公共団体の当局及び職員団体の双方において、誠意と責任をもつて履行しなければならない。

(4) 交渉事項（地方公務員法第55条第3項、第4項）

　第1項において、交渉事項は「給与、勤務時間その他の勤務条件に関し、及びこれに附帯して、社交的又は厚生的活動を含む適法な活動に係る事項」とされていますが、一方、第3項においては**交渉することができない事項について定められています**。

> ○地方公務員法
> 第55条
> 3　地方公共団体の事務の管理及び運営に関する事項は、交渉の対象とすることができない。

　この交渉することができない「地方公共団体の事務の管理及び運営に関する事項」は、一般に「**管理運営事項**」と呼ばれます。管理運営事項については、地方公共団体の当局が、住民の負託を受け、もっぱらその権限と責任において判断すべきものであり、交渉により職員団体と行政上の責任を分かち合い、その権限行使の在り方を歪めることは許されないことから、交渉の対象にはできないとされています。

　このような性質をもつ管理運営事項の範囲については、**法律等において一律に決められているものではなく**、個別具体に判断していくものではありま

すが、校長の場合、例えば、**教育委員会に対する人事の具申、教育課程の編成、校務分掌の決定などについては管理運営事項であり、交渉の対象とすることはできません。**校長は、交渉を申し入れられている事項が勤務条件であるのか管理運営事項であるのかを適切に判断する必要があります（**表3**）。

表3　校長が当局となる交渉における勤務条件と管理運営事項

勤務条件（交渉可）	管理運営事項（交渉不可）
例：勤務時間の割り振り 　　休暇の承認 　　執務環境の整備	例：教育委員会に対する人事の具申 　　教育課程の編成 　　校務分掌の決定

第４項においては、交渉事項について、どの地方公共団体の「当局」が対応するかが定められています。

○地方公務員法
第55条
4　職員団体が交渉することのできる地方公共団体の当局は、**交渉事項について適法に管理し、又は決定することのできる地方公共団体の当局**とする。

校長の場合、教育委員会から学校管理規則等により委任されている権限があれば、その限りで地方公共団体の当局となります。繰り返しになりますが、委任されている権限の例としては、勤務時間の割り振り、休暇の承認、執務環境の整備などが一般的です。

（5）職員団体側の代表者（地方公務員法第55条第5項、第6項）
　次に、職員団体側の代表者について定めている第5項、第6項をみていきましょう（第5項については、一部「（6）予備交渉」に説明を譲ります）。

○地方公務員法
第55条
5 　交渉は、職員団体と地方公共団体の当局があらかじめ取り決めた員数の範囲内で、**職員団体がその役員の中から指名する者と地方公共団体の当局の指名する者との間において行なわなければならない。**交渉に当たつては、職員団体と地方公共団体の当局との間において、議題、時間、場所その他必要な事項をあらかじめ取り決めて行なうものとする。

　職員団体側の代表者である「職員団体がその役員の中から指名する者」となりえる役員とは、通常は、委員長、副委員長及び書記長の三役と中央執行委員及び監事が該当します。また、第6項においては、役員でない者を代表者としてもよいものの、文書による委任を受けなければならないとしています。

○地方公務員法
第55条
6 　前項の場合において、特別の事情があるときは、職員団体は、役員以外の者を指名することができるものとする。ただし、その指名する者は、当該交渉の対象である特定の事項について交渉する適法な委任を当該職員団体の執行機関から受けたことを文書によつて証明できる者でなければならない。

　実際の学校現場では、**いわゆる学校分会は、職員団体の下部組織として位置付けられており、学校分会そのものは地方公務員法上の職員団体ではない**のが一般的であるため、職員団体側の代表者として、役員が学校における交渉に出席することは稀です。また、職員団体から文書による委任を受けた者が出席することも制度上可能ですが、これも実態としては稀となっており、このように、**学校現場では適法な職員団体側の代表者が交渉の場に出席する**

ことは一般的ではないのが実態です。

　校長は、このように指名を受けた役員ないしは文書による委任を受けた者が職員団体側の代表者ではない場合には、地方公務員法上の交渉ではない、すなわち、**校長に応諾義務が発生しない、事実上の話合いとして対応の可否を判断できるものであることに留意する必要**があります。

（6）予備交渉（地方公務員法第55条第5項、第7項）

　さて、第5項の残りの部分、「交渉は、職員団体と地方公共団体の当局が**あらかじめ取り決めた員数**の範囲内で」と、「交渉に当たつては、職員団体と地方公共団体の当局との間において、**議題、時間、場所その他必要な事項をあらかじめ取り決めて行なうものとする**」ですが、交渉に先立ち、これらの事項について事前に取り決める手続を、一般に「予備交渉」といいます。

> ○地方公務員法
> 第55条
> 7　交渉は、前2項の規定に適合しないこととなつたとき、又は他の職員の職務の遂行を妨げ、若しくは地方公共団体の事務の正常な運営を阻害することとなつたときは、これを打ち切ることができる。

　そして、第7項では、予備交渉で取り決めた員数、議題、時間などに違反するような場合、交渉が喧騒状態になるなどして学校内の他の教職員の職務遂行を妨げるような場合などには、校長は、交渉を打ち切ることができることが規定されています。このように、地方公務員法上の交渉においては、予備交渉を通じ、秩序ある交渉を行い、適切な労使関係を構築することとされているのです。

（7）勤務時間中の交渉（地方公務員法第55条第8項）

　第8項では勤務時間中の交渉について定められています。

> ○地方公務員法
> 第55条
> 8　本条に規定する適法な交渉は、勤務時間中においても行なうことができる。

　これは、地方公務員法上の交渉を行う上での便宜に資するため認められているものではありますが、**交渉を勤務時間中に行うべきことを意味するものではありません。**

　また、勤務時間中に地方公務員法上の交渉を行う場合であっても、これに当たっては、職員である職員団体側の代表者の職務専念義務の免除について、その都度、個別に承認を得る必要があり、**地方公務員法上の交渉を行うからといって当然に認められるものではありません。**

　さらに、実際には、学校においては地方公務員法上の交渉ではなく、**校長と学校分会との事実上の話合いが行われるのが一般的であり、このような場合には、当然ながら職務専念義務の免除は認められません。**仮に、事実上の話合いを勤務時間中に行った場合には、**学校分会の構成員である教職員については、職務専念義務違反として懲戒処分等の対象となり、その時間に相当する給与カットが行われる**こととなります。そして、**校長もまた、その適格性が疑われ、管理職としての責任を問われる事態となることに留意する必要があります。**

（8）書面協定（地方公務員法第55条第9項、第10項）

　最後に、すでに（3）でもふれた、書面協定について改めて紹介します。

> ○地方公務員法【再掲】
> 第55条
> 9　職員団体は、法令、条例、地方公共団体の規則及び地方公共団体の機関の定める規程にてい触しない限りにおいて、当該地方公共団体の当局と書面による

> 協定を結ぶことができる。

　書面協定は交渉の結果、結ぶことができるものであるため、**その内容となる事項は、交渉の対象となる事項、すなわち、第１項で定める勤務条件等に限られます**。また、書面協定は、条文にある通り、「結ぶことができる」ものであり、**交渉の結果合意に達したときに必ず結ばなければならないものではありません**。

　さらに、これも繰り返しになりますが、**書面協定の内容については、校長を含む地方公共団体の当局は、実現にむけて道義的責任を負うにとどまり、法的拘束力があるものではありません**。

> ○地方公務員法【再掲】
> 第55条
> 10　前項の協定は、当該地方公共団体の当局及び職員団体の双方において、誠意と責任をもって履行しなければならない。

　また、各学校において、**学校分会から校長に対し、「分会交渉」の結果を確認したいとして、いわゆる「確認書」の締結を求められた場合**について補足します。

　繰り返しになりますが、学校分会は、職員団体の下部組織として位置付けられており、**学校分会そのものは地方公務員法上の職員団体ではないのが一般的です**。この場合、学校分会は校長と地方公務員法上の交渉を行い、書面協定を結ぶことはできず、**事実上の話合いをしているわけですから、そのような話合いの結果について確認書を締結することは、書面協定の締結とは異なり、何ら法律上予定されているものではありません**。このような**確認書の締結は、校長の権限を不当に制約するものになる恐れがあることから、校長は慎重に対応する必要があります**。

さらに、事実上の話合いにおいても、地方公務員法上の交渉においても、法令の趣旨に反するような勤務条件や管理運営事項に該当する事柄を学校分会との「分会交渉」により定め、確認書を締結することは、**適切な教育行政、学校運営に支障をもたらし、保護者や地域住民の信頼を著しく損なうものであり、決して許されるものではありません**ので、留意してください。

解説

　「関係法令の基礎知識」はいかがでしたか。実質的な「解説」であったため、ここでは短くまとめます。
　このように、交渉をめぐる法律上のルールは少し複雑なものではありますが、学校における校長と職員団体との交渉に関していえば、**地方公務員法上の交渉になることは一般的ではなく、学校分会と事実上の話合いを行うことが多いということ**をお分かりいただけたと思います。
　このような事実上の話合いについては、地方公務員法上の交渉とは異なり、**校長に応諾する義務が発生することはなく、話合いに応ずるかどうか、議題や時間などについてどのような範囲で応ずるかは、当然ながら、校長が任意に判断できるもの**です。
　しかしながら、事実上の話合いであるからといって、校長の権限と責任において判断しなければならない管理運営事項について、校長と学校分会が不適切な確認書を締結するようなことは、**校長の権限行使の在り方を歪める不適切なことであり、あってはならないこと**です。
　校長がこのような交渉のルールを正確に把握することにより、仮に、学校分会から不当な要求があった場合にも適切に対処できるようになり、また、ルールにのっとった労使関係を構築することで、真に労使相互の理解を促進し、職員の士気を高め、公務の能率を増進することにつながります。
　また、職員団体側も、保護者や地域住民の信頼を損なうことのないよう、交渉ルールを遵守するとともに、その活動について説明責任を果たすことが求められます。

公務員の定年制のゆくえ

K「最近、もうすぐ60歳定年ではなくなると聞いたり、一方ですでに学校現場では60歳を超えた方が教諭等として働いていたりしますよね、一体どういう状況になっているのでしょうか。個々の公務員に大きく関係する事柄なので、定年制について①何のために、②いつから、③どのように仕組みが変わっていくのか、分かりやすく教えてください！」

T「うーん、最後ともなると、聞き方が整理されてきているな…。それはそうと、それは『公務員の定年延長』をめぐる議論だね。まず、①何のために、から紹介していこう。これは簡単にいえば、年金制度改革によって、最終的に65歳まで年金が支給されなくなるので、65歳まで働けるような何らかの仕組みにする必要がある、ということなんだ。」

K「なるほど。現状をもう少し具体的にいえば、平成25年度から平成37年度にかけて、公的年金の支給開始年齢が、3年に1歳ずつ、60歳から65歳へと段階的に引き上げられつつある（言い換えれば、昭和36年4月以降に生まれた人は、65歳になるまで公的年金を受給できなくなるということ）。これにより、現行の60歳定年制のままでは、定年と年金の支給開始年齢に差が生じ、年金支給開始年齢まで、無年金・無収入となる期間が生じてしまう。この、いわば『雇用と年金の接続』の問題に対応するため、定年の延長などの制度の

見直しを行う必要がある、ということですね。」

T「…。今まで薄々気付いてはいたけど、お前、本当は聞くこと全部知ってるだろ…。」

K「え、いまさら…。まあいずれにせよ、②いつから、については、**年金の支給開始年齢の引上げに合わせて、ということですから、基本的には、平成25年度から平成37年度にかけて、3年に1歳ずつ引退する年齢が上がっていくということですね。**③どのように、については、現行の60歳定年制を延長するということになるんですか。」

T「流したな…。平成30年3月現在では、国家公務員・地方公務員ともに定年そのものは延長されておらず、定年退職した職員が年金支給開始年齢に達するまでの間、能力・実績に基づく人事管理を行うことを前提としつつ、再任用を希望する職員については再任用することで、公務員の雇用と年金の接続が図られているんだ。

　このことは、国家公務員については平成25年3月に当面の政府の方針として閣議決定され、地方公務員については、この閣議決定を受けた総務省の通知『地方公務員の雇用と年金の接続について（平成25年3月29日総務副大臣通知）』（以下『総務副大臣通知』という）において、『定年退職する職員が再任用を希望する場合、当該職員の任命権者は、退職日の翌日、地方公務員法第28条の4の規定に基づき、当該職員が年金支給開始年齢に達するまで、常時勤務を要する職（以下『フルタイム職』という。）に当該職員を再任用するものとすること。ただし、当該任命権者は、職員の年齢別構成の適正化を図る観点から再任用を希望する職員をフルタイム職に再任

用することが困難であると認められる場合又は当該職員の個別の事情を踏まえて必要があると認められる場合には、当該職員が年金支給開始年齢に達するまで、地方公務員法第28条の5の規定に基づき、短時間勤務の職に当該職員を再任用することができること』としており、これを踏まえ、各地方公共団体において教育公務員を含めた地方公務員の再任用が行われているんだ。

　文部科学省の事務連絡『教育公務員の雇用と年金の接続に係る留意事項について（平成25年4月4日文部科学省初等中等教育局初等中等教育企画課・財務課事務連絡）』（以下『文部科学省事務連絡』という）においても、『平成25年度以降、公的年金の報酬比例部分の支給開始年齢が段階的に引き上げられることに伴う教育公務員の雇用と年金の接続については、現行の地方公務員法の再任用制度に基づき、総務副大臣通知を踏まえ、適切に対応すること』としているね。」

○地方公務員法
（定年退職者等の再任用）
第28条の4　任命権者は、当該地方公共団体の定年退職者等（第28条の2第1項の規定により退職した者若しくは前条の規定により勤務した後退職した者又は定年退職日以前に退職した者のうち勤続期間等を考慮してこれらに準ずるものとして条例で定める者をいう。以下同じ。）を、従前の勤務実績等に基づく選考により、1年を超えない範囲内で任期を定め、常時勤務を要する職に採用することができる。ただし、その者がその者を採用しようとする職に係る定年に達していないときは、この限りでない。

> 2　前項の任期又はこの項の規定により更新された任期は、条例で定めるところにより、１年を超えない範囲内で更新することができる。
> 3　前２項の規定による任期については、その末日は、その者が条例で定める年齢に達する日以後における最初の３月31日までの間において条例で定める日以前でなければならない。
> 4　前項の年齢は、国の職員につき定められている任期の末日に係る年齢を基準として定めるものとする。
> 5　第１項の規定による採用については、第22条第１項の規定は、適用しない。
> 第28条の５　任命権者は、当該地方公共団体の定年退職者等を、従前の勤務実績等に基づく選考により、１年を超えない範囲内で任期を定め、短時間勤務の職（当該職を占める職員の１週間当たりの通常の勤務時間が、常時勤務を要する職でその職務が当該短時間勤務の職と同種のものを占める職員の１週間当たりの通常の勤務時間に比し短い時間であるものをいう。第３項及び次条第２項において同じ。）に採用することができる。
> 2　前項の規定により採用された職員の任期については、前条第２項から第４項までの規定を準用する。
> 3　短時間勤務の職については、定年退職者等のうち第28条の２第１項から第３項までの規定の適用があるものとした場合の当該職に係る定年に達した者に限り任用することができるものとする。

K「なるほど、すでに学校現場で60歳を超えた方が多く働いているのは、再任用制度による任用が進んでいるということですね。文部科学省の調査によれば、平成29年度においてすでに全国でフルタイム・短時間合わせて約３万６千人もの再任用教職員が任用されてい

ます。しかし、今後、このままずっと再任用制度による対応を続けるのでしょうか。平成25年3月の閣議決定においては『段階的な定年の引上げも含め雇用と年金の接続の在り方について改めて検討を行う』とされ、総務副大臣通知においても『地方公務員についても、再任用の実施状況を検証し、国家公務員に係る検討に合わせて、改めて』検討することとされています。

　平成29年6月に閣議決定された『経済財政運営と改革の基本方針2017』では『公務員の定年の引上げについて、具体的な検討を進める』とされ、これを踏まえて関係省庁による『公務員の定年の引上げに関する検討会』（以下『検討会』という）が検討を進め、平均寿命の伸長、少子高齢化の進展、複雑高度化する行政課題への的確な対応のため、定年を段階的に65歳に引き上げる方向で検討することを柱とする論点整理を平成30年2月に行い、関係閣僚会議においても了承されたというニュースを見たのですが。」

T「よく勉強しているね。その通り、再任用制度による対応は定年退職後の付加的な勤務との認識になりやすいなどの課題もあり、恒久的措置ではなく、政府としても改めての検討を前提としていたものだ。平成30年3月現在、検討会による論点整理を踏まえ、人事院が定年の引上げに関する制度設計を進めており、今後、法改正をはじめとする必要な制度改正が行われていく見込みなので、動向をよく注視する必要があるね。

　検討会の論点整理は、基本的に国家公務員についてのものであり、教育公務員を含む地方公務員については、『組織の規模、職員の年齢構成、財政状況などは地方公共団体ごとに様々であることか

ら、各地方公共団体の実情も踏まえつつ、国家公務員との均衡を勘案し、今後検討する必要があるのではないか』としているけれども、今後、公務員の定年の引上げの検討が行われるに当たって参考となるものなので、そのポイントを簡単に紹介しよう。

　まず、検討会による論点整理では、検討の方向性として、**一定の準備期間を置いた上で、新規採用や職員の年齢構成への影響を勘案し、定年を段階的に65歳に引き上げる方向で検討することが適当**とした上で、**①人事評価に基づく能力・実績主義の人事管理の徹底、②管理職職員の役職定年制の導入、③60歳以上の職員の給与水準の引下げ、④業務改革の推進、働き方改革による生産性の向上、⑤職員の職業生活設計への対応**などについても併せて検討が必要としている。」

K「なるほど。様々な課題に対応するため、単に定年を引き上げるだけではなく、全般的な制度の見直しが必要になるわけですね。**民間企業の実態との均衡や、総人件費増加抑制のために60歳以下の職員の給与を引き下げることになれば、若手・中堅職員のモチベーション低下や人材確保への支障が懸念されることを踏まえれば、給与が60歳時に比して一定程度下がることは、現在の再任用制度の下でも**共通ですし、理解できます。

　しかし、役職定年制とは何でしょうか…？」

T「あまり聞き慣れない言葉だね。役職定年制は、**60歳に達したことをもって、管理職から他の専門スタッフ職などに職員を異動させる仕組みのこと。管理職には一定の年齢までしか就けない仕組みにすることにより、若手・中堅職員のモチベーションや組織全体として**

の活力を維持することを目的としているんだ。」

K「役職定年制の対象となる管理職というのは、具体的にはどのような範囲なんですか。」

T「検討会による論点整理では、本府省（文部科学省や厚生労働省など）や地方支分部局（都道府県労働局や地方農政局など）等の管理職を対象としつつ、**職務と責任の特殊性や公務の運営上の必要性等に鑑み、役職定年制を適用する必要のない、あるいは、役職定年となる年齢の延長を認める必要がある職員がいないか等について検討する必要がある**としている。なお、現在の再任用制度の下では、本府省の局長、部長、課長については一律に再任用職員を任用しないこととしている。」

K「なるほど。国家公務員のことは分かりましたが、教育公務員を含む地方公務員の役職定年制についてはどうなるんでしょうか。」

T「あくまで今後の検討ということになるけれども、**都道府県・市町村で約1,800ある多様な地方公共団体の管理職について、仮に役職定年制を任意で導入する場合に、導入するのかどうか、導入するとしてどのような範囲で適用するのか。また、教職の特性を踏まえ、教育公務員への導入をどのように考えるか。そして、仮に導入した場合に、役職定年となった校長などの活用についてどのように考えるかなど、多くの論点がある**ね。平成29年度においてすでに再任用されている約850人もの校長が学校現場で活躍している実態なども踏まえる必要がある。」

K「難しい問題ですね。加えて、**再任用や定年の引上げも重要ですが、そちらに人件費や教職員定数を使い過ぎてしまい、若手の教職員を採用できなくなってもいけませんよね。**」

T「そうだね。現在、いわゆる団塊世代の教職員が大量退職したことに伴い、若手教職員の大量採用が進んでいるけれども、こうした状況の中で、ベテラン教員が長い教職人生の中で培ってきた豊富な知識や経験を最大限活用することが必要であると同時に、**文部科学省事務連絡では『教職員を再任用する一方、学校における教職員の年齢別構成の適正化を図る観点から若手教職員の安定的・計画的な確保に努めることが必要』**としている。

　検討会の論点整理においても、定年の引上げを行う場合に新規採用者数を年度によって大幅に変動させてしまうと、**新陳代謝の維持や知識、技術、経験等の継承・蓄積が困難となること、計画的な人事配置・人材育成が困難となることなどから、継続的な組織運営に支障が生じるおそれがあるため、真に必要な規模の新規採用を継続していくことが必要**としている。若手教職員の安定的・計画的な確保は、今後の定年の引上げの検討に当たっても、人事の新陳代謝を図ることとともに重要な論点だね。」

K「検討会の論点整理では、高齢期における多様な職業生活設計について、定年を引上げ、職員が現在以上に高齢期まで勤務することになると、健康・体力・気力などの面での個人差や家族の介護など職員側の事情により、**多様な働き方のニーズが高まることが見込まれることから、60歳以降定年年齢前までの職員を短時間勤務の官職に再任用する制度を設けることが必要**ともしていますね。また、職業

生活の長期化を踏まえ公務外に活躍の場を望む職員の存在を考慮すると、職員自らの選択としての早期退職を支援する必要があるともしています。」

T「短時間勤務がありうるといったことは、現在の再任用制度の下でも共通だね。総務副大臣通知においても、『多様な働き方を求める60歳を超える職員が、勤務時間以外の時間を活用して、希望する人生設計の実現に資するため、職員が培ってきた多様な専門的知識や経験を活かした活動や新たな分野での活動を行うことを希望する場合には、公務の遂行等に支障が生じない範囲内で適切な配慮を行うことに留意いただきたいこと。再任用短時間勤務職員に対する営利企業等への従事の許可については、公務に支障を来したり、公務の信用を失墜させたりするなどのおそれがないよう十分留意しつつ、再任用短時間勤務職員の勤務形態等を勘案して必要に応じ弾力的な運用を行うことが可能であること』としており、昨今、『人生100年時代』における働き方が議論されている中で、定年の引上げに当たってもこうした考え方は重要だね。」

K「教育公務員の定年の引上げに当たって、多岐にわたる重大な論点があることがよく分かりました。また、今後の対応方針は、教育公務員の特性や実情をよく踏まえて検討する必要があるということですね。」

T「そうなんだ。その他の論点を挙げればまだまだあるけれども、いずれにせよ、今後、文部科学省や総務省、教育委員会がしっかり連携して対応していかなければいけないね。」

K「先輩、楽しかったこの COFFEE BREAK も、ついに終わりですね。そして COFFEE BREAK であるにもかかわらず、あくまで飲みに行く方向で話を締め続けてきましたね…。」

T「そうだなあ。最後まで読んでくださった読者の皆さん、本当にありがとうございました。んじゃ、打ち上げとして、一杯やりに行きますか!」

K「お約束ですね…。でもやっぱ、行くしかないですね!!」

付録

今さら他人に聞けない？

身近な教育関係制度の基礎の基礎！

　教育関係制度の基礎についてはすでに第1講で御紹介したところではありますが、ここでは、素朴な疑問に対して簡単に説明する形で、日々の学校現場がどのような制度によって成り立っているのか、第1講とは少し異なる切り口で御紹介することができればと思い、付録として作成したものです。

　「そういえば、そもそもどうなってるんだっけ。」、そんな皆さんの疑問に少しでも答えることができていれば嬉しく思いますし、関係する本編の「講」などにも言及していますので、この本を読み進めた後の復習としても気軽に眺めていただければと思います。

　なお、内容は基本的に公立小中学校を前提としていますので、御留意ください。

【教育委員会・学校編】

【教室編】

【教員編】

付録

【教育委員会・学校編】

　教育委員会や学校は、学校現場の管理職にとって日常的な存在であるわけですが、「そもそも制度としてどういうものなのか。」について端的に説明することは意外と難しいかもしれません。そんな日常の当たり前を確認してみましょう。

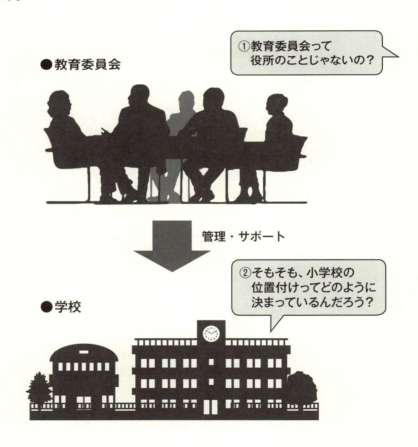

☞ 解説

 教育委員会って役所のことじゃないの？

　学校現場の管理職が日常的にやり取りしているのは、学務課や教職員課といった部署だと思いますが、これらの行政実務を行っている組織は、実は「教育委員会」そのものではありません。

　教育委員会とは、画像にあるように、教育長と原則4人の教育委員の合計5人で組織される合議体のことであって、学務課などの組織は、教育委員会に置かれる「事務局」の内部組織なのです（地教行法第3条、第17条）。

　こうした事務局の内部組織は、日常的な行政実務を行っていることから、学校現場の皆さんはもとより住民にとってもその存在感は大きく、しばしば事務局（役所）のことを「教育委員会」そのものだと認識してしまいますが、教育行政を適切に理解する上では、意思決定機関である合議体たる教育委員会と、その権限に属する事務を実務的に処理する教育委員会事務局とを区別して理解することが大事ですね。

○地方教育行政の組織及び運営に関する法律
（組織）
第3条　教育委員会は、教育長及び4人の委員をもつて組織する。ただし、条例で定めるところにより、都道府県若しくは市又は地方公共団体の組合のうち都道府県若しくは市が加入するものの教育委員会にあつては教育長及び5人以上の委員、町村又は地方公共団体の組合のうち町村のみが加入するものの教育委員会にあつては教育長及び2人以上の委員をもつて組織することができる。
（事務局）
第17条　教育委員会の権限に属する事務を処理させるため、教育委員会に事務局を置く。
2　教育委員会の事務局の内部組織は、教育委員会規則で定める。

付録

② そもそも、小学校の位置付けってどのように決まっているんだろう？

　皆さんが毎日子供のために働いている学校は、そもそも制度上、一体どのように位置付けられているのか。それは、一度は名前を聞いたことがあるとは思いますが、幼稚園から大学まで、わが国の学校教育制度について規定する「学校教育法」の第1条に位置付けられています。小学校のみならず、この学校教育法の第1条に規定されている学校種を、わが国において学校教育を実施する代表的なものとして「1条校（いちじょうこう）」と呼ぶことがあります。

　また、学校教育法では、それぞれの学校種について、目的や目標、修業年限など必要な事項を定めています（第29条、第30条、第31条、第32条等）。これらの規定により、小学校はそもそもどのようなものなのか、ということの骨格が見えてくるわけです。

　インターネット上で簡単に御覧いただけますから、是非、御自身が勤務されている学校種に関する学校教育法や、その下位法令である学校教育法施行規則等の規定をぼんやりと眺めてみてください。学校教育法に限ったことではないですが、日常、当たり前だと思っていることが実際にどのように規定されているのかを再発見し、また、意外なことが規定されていることを新たに発見したり、深い疑問が浮かんだりと、ベテランとなった皆様だからこそ咀嚼できる学校教育の本質がそこにあることを見出せると思います。

○学校教育法
第1条　この法律で、学校とは、幼稚園、小学校、中学校、義務教育学校、高等学校、中等教育学校、特別支援学校、大学及び高等専門学校とする。
第21条　義務教育として行われる普通教育は、教育基本法（平成18年法律第120号）第5条第2項に規定する目的を実現するため、次に掲げる目標を達成するよう行われるものとする。
一　学校内外における社会的活動を促進し、自主、自律及び協同の精神、規範意識、

公正な判断力並びに公共の精神に基づき主体的に社会の形成に参画し、その発展に寄与する態度を養うこと。
二　学校内外における自然体験活動を促進し、生命及び自然を尊重する精神並びに環境の保全に寄与する態度を養うこと。
三　我が国と郷土の現状と歴史について、正しい理解に導き、伝統と文化を尊重し、それらをはぐくんできた我が国と郷土を愛する態度を養うとともに、進んで外国の文化の理解を通じて、他国を尊重し、国際社会の平和と発展に寄与する態度を養うこと。
四　家族と家庭の役割、生活に必要な衣、食、住、情報、産業その他の事項について基礎的な理解と技能を養うこと。
五　読書に親しませ、生活に必要な国語を正しく理解し、使用する基礎的な能力を養うこと。
六　生活に必要な数量的な関係を正しく理解し、処理する基礎的な能力を養うこと。
七　生活にかかわる自然現象について、観察及び実験を通じて、科学的に理解し、処理する基礎的な能力を養うこと。
八　健康、安全で幸福な生活のために必要な習慣を養うとともに、運動を通じて体力を養い、心身の調和的発達を図ること。
九　生活を明るく豊かにする音楽、美術、文芸その他の芸術について基礎的な理解と技能を養うこと。
十　職業についての基礎的な知識と技能、勤労を重んずる態度及び個性に応じて将来の進路を選択する能力を養うこと。

第29条　小学校は、心身の発達に応じて、義務教育として行われる普通教育のうち基礎的なものを施すことを目的とする。

第30条　小学校における教育は、前条に規定する目的を実現するために必要な程度において第21条各号に掲げる目標を達成するよう行われるものとする。

②　前項の場合においては、生涯にわたり学習する基盤が培われるよう、基礎的な知識及び技能を習得させるとともに、これらを活用して課題を解決するために必要な思考力、判断力、表現力その他の能力をはぐくみ、主体的に学習に取り組む態度を養うことに、特に意を用いなければならない。

第31条　小学校においては、前条第1項の規定による目標の達成に資するよう、教育指導を行うに当たり、児童の体験的な学習活動、特にボランティア活動など社会奉仕体験活動、自然体験活動その他の体験活動の充実に努めるものとする。この場合において、社会教育関係団体その他の関係団体及び関係機関との連携に十分配慮しなければならない。

第32条　小学校の修業年限は、6年とする。

付録

【教室編】

　教員と児童生徒が日々学びを展開している教室。そこでの当たり前の景色である一定数の児童生徒、子供たちの手元にある教科書、教員が授業で教える教育内容は、どのような制度によって「当たり前」になっているのか。本編ではあまりふれていない内容でもあるので、ここで基本を押さえておきましょう。

①学級の児童生徒の人数はどうやって決まってるんだろう？

②教科書ってどうやってつくられて、子供たちに届くんだろう？

③教員が教える内容ってどこで決まってるんだろう？

解説

① 学級の児童生徒の人数はどうやって決まってるんだろう？

　学級の児童生徒数といえば、皆さんの感覚としてはいわゆる「40人学級」という言葉が浮かんでくるのではないでしょうか。現在では少子化の影響や地方公共団体の少人数学級政策により、40人よりも少なくなっていることも多々ありますが、この「40人学級」を含め、学級ごとの児童生徒数の仕組みは、「公立義務教育諸学校の学級編制及び教職員定数の標準に関する法律」（以下「標準法」という）により定められています。

　標準法では、市町村立の小学校や中学校の学級の児童生徒数の基準は、40人（小学校１年生は35人）を標準として都道府県教育委員会が定めるとされています（標準法第３条）。その上で、市町村教育委員会が、都道府県教育委員会が定めた基準を標準として、小学校や中学校の児童生徒の実態を考慮して学級編制を行うこととされています（標準法第４条）。

　簡単に言えば、このような仕組みに基づいて「40人学級」が編制されていることが多いのですが、標準法上、都道府県や市町村の教育委員会においては、それぞれ標準を下回ることも可能とされていることから、多くの地方公共団体で独自の少人数学級政策が行われているのです。

　第１講で紹介した県費負担教職員制度と同様、国・都道府県・市町村が役割を分担して果たしている仕組みであることがお分かりいただけると思います。

　なお、指定都市立の小学校や中学校については、第１講で紹介したように平成29年度から給与負担が移譲されたことに伴い、都道府県教育委員会が定めた基準ではなく、標準法上の40人を標準として指定都市教育委員会が学級編制を行っていますので、念のため。

付録

○公立義務教育諸学校の学級編制及び教職員定数の標準に関する法律
第1条 この法律は、公立の義務教育諸学校に関し、学級規模と教職員の配置の適正化を図るため、学級編制及び教職員定数の標準について必要な事項を定め、もって義務教育水準の維持向上に資することを目的とする。
第3条 公立の義務教育諸学校の学級は、同学年の児童又は生徒で編制するものとする。ただし、当該義務教育諸学校の児童又は生徒の数が著しく少ないかその他特別の事情がある場合においては、政令で定めるところにより、数学年の児童又は生徒を1学級に編制することができる。
2 各都道府県ごとの、都道府県又は市（地方自治法（昭和22年法律第67号）第252条の19第1項の指定都市（以下単に「指定都市」という。）を除き、特別区を含む。第8条第3号並びに第8条の2第1号及び第2号を除き、以下同じ。）町村の設置する小学校（義務教育学校の前期課程を含む。次条第2項において同じ。）又は中学校（義務教育学校の後期課程及び中等教育学校の前期課程を含む。同項において同じ。）の1学級の児童又は生徒の数の基準は、次の表の上欄に掲げる学校の種類及び同表の中欄に掲げる学級編制の区分に応じ、同表の下欄に掲げる数を標準として、都道府県の教育委員会が定める。ただし、都道府県の教育委員会は、当該都道府県における児童又は生徒の実態を考慮して特に必要があると認める場合については、この項本文の規定により定める数を下回る数を、当該場合に係る1学級の児童又は生徒の数の基準として定めることができる。

学校の種類	学級編制の区分	1学級の児童又は生徒の数
小学校（義務教育学校の前期課程を含む。略）	同学年の児童で編制する学級	40人（第1学年の児童で編制する学級にあつては、35人）
	二の学年の児童で編制する学級	16人（第1学年の児童を含む学級にあつては、8人）
	学校教育法第81条第2項及び第3項に規定する特別支援学級（略）	8人
中学校（義務教育学校の後期課程及び中等教育学校の前期課程を含む。略）	同学年の生徒で編制する学級	40人
	二の学年の生徒で編制する学級	8人
	特別支援学級	8人

3 （略）
第4条 都道府県又は市町村の設置する義務教育諸学校の学級編制は、前条第2項又は第3項の規定により都道府県の教育委員会が定めた基準を標準として、当該学校を設置する地方公共団体の教育委員会が、当該学校の児童又は生徒の実態を考慮して行う。
2 指定都市の設置する義務教育諸学校の学級編制は、小学校又は中学校にあつては前条第2項の表の上欄に掲げる学校の種類及び同表の中欄に掲げる学級編制の区分に応じ同表の下欄に掲げる数を1学級の児童又は生徒の数の標準とし、特別支援学校の小学部又は中学部にあつては6人（文部科学大臣が定める障害を2以上併せ有する児童又は生徒で学級を編制する場合にあつては、3人）を1学級の児童又は生徒の数の標準として、当該指定都市の教育委員会が、当該学校の児童又は生徒の実態を考慮して行う。

教科書ってどうやってつくられて、子供たちに届くんだろう？

大変身近な存在である教科書ですが、そもそも教科書とは何でしょうか。実は、「教科書の発行に関する臨時措置法」という法律の第2条第1項において、「小学校、中学校、義務教育学校、高等学校、中等教育学校及びこれらに準ずる学校において、教育課程の構成に応じて組織排列された教科の主たる教材として、教授の用に供せられる児童又は生徒用図書であって、文部科学大臣の検定を経たもの又は文部科学省が著作の名義を有するもの」と定義されています（この臨時措置法は昭和23年に制定された古い法律ですが「現役」の法律です）。

このように、現在の教科書制度では、文部科学大臣の検定を経てはじめて学校で教科書として使用される資格を与えられることとなり（学校教育法第34条第1項）、検定の対象となるのは、基本的に民間の教科書発行者が著作・編集した教科書となります。各発行者は、学習指導要領や教科用図書検定基準等を基に、創意工夫を加えた図書を作成し、検定を申請します。申請後、教科書として適切であるかどうかが文部科学大臣の諮問機関である教科用図書検定調査審議会に諮問されるとともに、文部科学省の教科書調査官による調査が行われます。

その後、検定済となった教科書は、通常、複数の発行者によるものが存在しているため、所管の教育委員会において、学校で使用する教科書を採択（決定）するとともに、文部科学大臣に教科書の需要数を報告します。文部科学大臣は、この需要数に基づき各発行者に教科書の発行を指示し、発行者は、教科書を製造し、供給業者に依頼して各学校に供給し、供給された教科書は、児童生徒に渡され、使用されることになるのです。

御存知の通り、こうした仕組みの前提として、義務教育段階で使用される教科書については、全児童生徒に対し、国の負担によって無償で給与されることになっています（教科書の無償給与）。

付録

> ○学校教育法
> **第34条** 小学校においては、文部科学大臣の検定を経た教科用図書又は文部科学省が著作の名義を有する教科用図書を使用しなければならない。
> ②・③（略）

③ 教員が教える内容ってどこで決まってるんだろう？

　教育課程は各学校において編成され、教員の皆さんによって実施されているわけですが、各教科の内容のほか、教科や授業時数はどこで決まっているのでしょうか。キーワードは皆さんよく御存知の「学習指導要領」ですが、基本的な仕組みを改めて押さえておきましょう。学習指導要領は、全国のどの地域で教育を受けても一定の水準の教育を受けられるようにするため、文部科学省が定めている各学校における教育課程（カリキュラム）を編成する際の基準です。学習指導要領は、昭和33年以降、ほぼ10年ごとに改訂されてきており、平成30年3月現在は、新学習指導要領が平成32年度以降に順次実施されることとなっている中、学校現場の皆様に準備を進めていただいている時期ですね。

　法令の観点から見ると、第1講でも少し紹介しましたが、学習指導要領は、文部科学大臣による「告示」という形式で法的基準性のあるものとして制定されており、その制定根拠は、小学校であれば、「省令」である学校教育法施行規則第52条において「小学校の教育課程については、（中略）教育課程の基準として文部科学大臣が別に公示する小学校学習指導要領によるものとする」と規定されていることにあります。

　また、教科は学校教育法施行規則第50条、授業時数は第51条と別表第1において規定されていますので、是非一度見てみてください。そして、これらの内容は、最終的に「法律」である学校教育法第33条において「小学校の教育課程に関する事項は、（中略）文部科学大臣が定める」と規定されていることに根拠があるのです。

基本的な仕組みは以上のようになっていますが、児童生徒の学習状況などの実態に応じ、学習指導要領に示していない内容を指導することも可能であり、また、学習指導要領は大綱的な基準、いわば、大づかみに捉えた内容であって、各学校や個々の教員が創意工夫を生かし特色ある教育活動を展開することが重要であることは言うまでもありません。

　学習指導要領は教育水準の確保のために存在しますが、決して硬直的なシステムではなく、そこで求められている「主体的・対話的で深い学び」は、学校現場における1人1人の教員の力にこそかかっているのです。

○**学校教育法**
第33条　小学校の教育課程に関する事項は、第29条及び第30条の規定に従い、文部科学大臣が定める。
○**学校教育法施行規則**（第50条第1項及び別表第1は平成32年4月1日施行）
第50条　小学校の教育課程は、国語、社会、算数、理科、生活、音楽、図画工作、家庭、体育及び外国語の各教科（以下この節において「各教科」という。）、特別の教科である道徳、外国語活動、総合的な学習の時間並びに特別活動によって編成するものとする。
2　（略）
第51条　小学校（第52条の2第2項に規定する中学校連携型小学校及び第79条の9第2項に規定する中学校併設型小学校を除く。）の各学年における各教科、特別の教科である道徳、外国語活動、総合的な学習の時間及び特別活動のそれぞれの授業時数並びに各学年におけるこれらの総授業時数は、別表第1に定める授業時数を標準とする。
第52条　小学校の教育課程については、この節に定めるもののほか、教育課程の基準として文部科学大臣が別に公示する小学校学習指導要領によるものとする。

別表第1　（第51条関係）

区分		第1学年	第2学年	第3学年	第4学年	第5学年	第6学年
各教科の授業時数	国語	306	315	245	245	175	175
	社会			70	90	100	105
	算数	136	175	175	175	175	175
	理科			90	105	105	105
	生活	102	105				
	音楽	68	70	60	60	50	50
	図画工作	68	70	60	60	50	50
	家庭					60	55
	体育	102	105	105	105	90	90
	外国語					70	70
特別の教科である道徳の授業時数		34	35	35	35	35	35
外国語活動の授業時数				35	35		
総合的な学習の時間の授業時数				70	70	70	70
特別活動の授業時数		34	35	35	35	35	35
総授業時数		850	910	980	1,015	1,015	1,015

付録

【教員編】

　日々の学校現場での教育活動で忙しい教員の皆さんは、自分自身の給与、免許、研修、人事に関する仕組みについて、分かっているようで、意外と分かっていないかもしれません。最後に、教員の皆さん自身に関する仕組みについて、基本的な制度を把握しておきましょう。

①教員の給与って、誰が、どうやって決めるんだっけ？

②教員免許って、なんで更新しなきゃいけないんだっけ？

③最近、10年研が変わったりと仕組みの変更があったと聞いたけど、研修の仕組みってどうなっているんだろう？

④人事異動や処分って、誰がどうやって決めてるんだっけ？

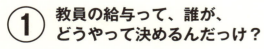

① 教員の給与って、誰が、どうやって決めるんだっけ？

　毎月支給される教員の給与ですが、誰が、どうやって決めているのか。第1講で紹介したように、小中学校の場合、県費負担教職員制度によって国・

都道府県・市町村が役割分担をしているため、少し分かりにくいかもしれません。第1講では、小中学校の教職員の大部分を占める県費負担教職員の給与について、市町村立学校職員給与負担法や義務教育費国庫負担法によって、市町村に代わって都道府県が負担し、そのうち3分の1を国が負担していることを紹介しました。

一義的には都道府県が給与を負担している以上、教員の給与を決めるのは都道府県ということになりますが、そのことは、地教行法第42条で都道府県の条例により定めるとして規定されています。

それでは、都道府県はどのように教員の給与を決めているのでしょうか。給与水準の変更などは、条例改正により行われることになりますが、だからといって条例案を提出する知事や、条例案を議決する都道府県議会が自由に決めているかというとそうではありません。地方公務員法第24条第2項では、国、他の地方公共団体、民間事業者の職員や従業員の給与を考慮するとされており、このため、各都道府県に置かれている専門的・中立的な人事行政機関である人事委員会が、国家公務員の給与に関する人事院勧告や民間賃金動向等を勘案して、適切な給与水準について勧告を行います。これを踏まえて都道府県の給与改定方針が決まり、都道府県議会に給与条例の改正案が提出されることになるのです。

また、教員給与の場合は、第5講のCOFFEE BREAKで紹介したように、給特法によって給料月額の4％が教職調整額として支給されることとなっています。加えて、都道府県が負担する給与の3分の1を国が負担する義務教育費国庫負担制度が採られていますので、同制度において手当の支給対象や支給額などの変更があった場合には、その影響も受ける（義務教育費国庫負担制度の変更に倣って各都道府県の給与制度を変更する）こととなります。

このように、国（文部科学省等）や都道府県（知事、教育委員会、人事委員会等）など多くのアクターがそれぞれの役割を果たす中で、適切な給与水準となるような仕組みになっています。

付録

> ○地方教育行政の組織及び運営に関する法律
> 　（県費負担教職員の給与、勤務時間その他の勤務条件）
> **第42条**　県費負担教職員の給与、勤務時間その他の勤務条件については、地方公務員法第24条第5項の規定により条例で定めるものとされている事項は、都道府県の条例で定める。
> ○**地方公務員法**
> 　（給与、勤務時間その他の勤務条件の根本基準）
> **第24条**　職員の給与は、その職務と責任に応ずるものでなければならない。
> 2　職員の給与は、生計費並びに国及び他の地方公共団体の職員並びに民間事業の従事者の給与その他の事情を考慮して定められなければならない。
> 3　職員は、他の職員の職を兼ねる場合においても、これに対して給与を受けてはならない。
> 4　職員の勤務時間その他職員の給与以外の勤務条件を定めるに当つては、国及び他の地方公共団体の職員との間に権衡を失しないように適当な考慮が払われなければならない。
> 5　職員の給与、勤務時間その他の勤務条件は、条例で定める。

② 教員免許って、なんで更新しなきゃいけないんだっけ？

　平成19年6月の教育職員免許法の改正により、平成21年4月から教員免許の更新制度が導入されました。この制度により、教員はその時々で求められる資質能力が保持されるよう、免許状更新講習を受講し、定期的に必要な知識技能の刷新（リニューアル）を行うことが求められるようになりました。大学を中心として全国で免許更新講習が開設・実施され、年々修了者も増え、制度が概ね定着してきたといえます。特に近年は、小学校の外国語をはじめとして、新たな学びに関する指導力を身に付ける必要性や、いじめや特別支援教育の充実など複雑かつ多様な課題に対する実践的な指導力を育成・強化する必要性が高まっており、教員が更なる専門性を深める場としても重要な制度になっているといえます。

　平成21年4月1日以降に授与された免許状（新免許状）には、10年間の有効期限が付されています。このため、有効期限のうちに免許更新講習を

受講・修了する必要があります（教育職員免許法第９条）。一方で、現在教壇に立っている先生方の多くは、平成21年３月31日以前に授与された免許状（旧免許状）をお持ちで、これには有効期限は定められていませんが、生年月日によって最初の修了確認期限が設定され、10年に一度、教員免許更新講習を受講していくことになります（教育職員免許法附則第２条第２項）。修了確認期限の２年２ヶ月から２ヶ月前までの２年間に、大学などが開設する30時間以上の免許更新講習を受講・修了し、免許管理者（都道府県教育委員会等）にその旨を申請する必要があります。

なお、優秀教員の表彰を受けた方や教員を指導する立場の方（学校管理職や指導主事等）は、免許管理者に申請を行うことにより、更新講習が免除されますし、産休・育休、教員となった日から修了確認期限までの期間が２年２ヶ月未満であるなどの場合は、修了確認期限を延期することができます。

○**教育職員免許法**
【新免許状に関する規定】
　（効力）
第９条　普通免許状は、その授与の日の翌日から起算して10年を経過する日の属する年度の末日まで、すべての都道府県（中学校及び高等学校の教員の宗教の教科についての免許状にあつては、国立学校又は公立学校の場合を除く。次項及び第３項において同じ。）において効力を有する。
２～５（略）
【旧免許状に関する規定】
附　則（平成19年法律第98号）
　（教育職員免許法の一部改正に伴う経過措置）
第２条（略）
２　旧免許状所持者であって、新法第２条第１項に規定する教育職員（第７項において単に「教育職員」という。）その他文部科学省令で定める教育の職にある者（以下「旧免許状所持現職教員」という。）は、次項に規定する修了確認期限までに、当該修了確認期限までの文部科学省令で定める２年以上の期間内において免許状更新講習（新法第９条の３第１項に規定する免許状更新講習をいう。以下同じ。）の課程を修了したことについての免許管理者（新法第２条第２項に規定する免許管理者をいう。以下この条において同じ。）による確認（以下「更新講習修了確認」という。）を受けなければならない。
３～10（略）

付録

③ 最近、10年研が変わったりと仕組みの変更があったと聞いたけど、研修の仕組みってどうなっているんだろう？

　第8講のCOFFEE BREAKでも議論したように、変化が激しい時代にあっては、教員もまた学び続けることがかつてないほど重要となっていますが、そのための最大のツールが研修です。それでは、研修の仕組みはどのようなものになっているのでしょうか。

　地方公務員法第39条第2項においては、研修は任命権者である教育委員会（※）が行うこととされているとともに、県費負担教職員については、地教行法第45条第1項により市町村教育委員会も研修を行うことができるとされています。このように、県費負担教職員については、基本的に任命権者である都道府県教育委員会と市町村教育委員会により、必要な研修が実施されることになっています。

　また、法律により任命権者に実施が義務付けられている法定研修としては、初任者研修（教育公務員特例法第23条）、中堅教諭等資質向上研修（同法第24条）があります。初任者研修は皆さんがすでに受けた親しみ深い研修だと思いますが、中堅教諭等資質向上研修は耳慣れないかもしれません。従前は10年経験者研修として実施されていましたが、団塊世代の大量退職と若手教員の大量採用の中でミドルリーダー育成が急務であるとともに、中堅教諭として必要な時期に随時受講を可能とし、免許更新講習との時期重複を回避することもできるよう実施時期を弾力化する必要もあることから、平成28年の教育公務員特例法改正により創設されました。「教育活動その他の学校運営の円滑かつ効果的な実施において中核的な役割を果たすことが期待される中堅教諭等」（同法第24条第1項）としての資質を身に付けるための研修です。

　さらに、第5講のコラムでは、同じく平成28年改正で創設された、任命権者が策定する教員としての資質に関する指標などについて紹介しました

が、同じ改正において、指標を踏まえ、毎年度、体系的かつ効果的に研修を実施するために任命権者が策定する教員研修計画に関する仕組みが創設されています（同法第22条の４）。同条第２項では、教員研修計画において、任命権者が実施する初任者研修や中堅教諭等資質向上研修をはじめとする研修の基本的な方針、体系、時期、方法などについて定めることとされています。任命権者においては、法定研修以外にもキャリアステージ等に応じて必要な研修を実施していますが、それらもこの教員研修計画で体系的に位置付けられ、「見える化」されることになります。

　教員が体系的かつ効果的にその資質を向上させることができるよう、研修をめぐる仕組みの概要は、このようなものになっていますが、それを有効に機能させるためには、研修を実施する教育委員会による質の高い内容の提供と、研修を受講する教員の目的意識が最も重要であることは言うまでもありませんね。

(※) 中核市の県費負担教職員の研修については、地教行法第59条により任命権者ではなく中核市の教育委員会が行うこととされている。

○**地方公務員法**
　（研修）
第39条　職員には、その勤務能率の発揮及び増進のために、研修を受ける機会が与えられなければならない。
２　前項の研修は、任命権者が行うものとする。
３・４　（略）

○**地方教育行政の組織及び運営に関する法律**
　（研修）
第45条　県費負担教職員の研修は、地方公務員法第39条第２項の規定にかかわらず、市町村委員会も行うことができる。
２　市町村委員会は、都道府県委員会が行う県費負担教職員の研修に協力しなければならない。

○**教育公務員特例法**
　（研修）
第21条　教育公務員は、その職責を遂行するために、絶えず研究と修養に努めなければならない。

2 (略)

(研修の機会)

第22条 教育公務員には、研修を受ける機会が与えられなければならない。

2・3 (略)

(教員研修計画)

第22条の4 公立の小学校等の校長及び教員の任命権者は、指標を踏まえ、当該校長及び教員の研修について、毎年度、体系的かつ効果的に実施するための計画(以下この条において「教員研修計画」という。)を定めるものとする。

2 教員研修計画においては、おおむね次に掲げる事項を定めるものとする。

一 任命権者が実施する第23条第1項に規定する初任者研修、第24条第1項に規定する中堅教諭等資質向上研修その他の研修(以下この項において「任命権者実施研修」という。)に関する基本的な方針

二 任命権者実施研修の体系に関する事項

三 任命権者実施研修の時期、方法及び施設に関する事項

四 研修を奨励するための方途に関する事項

五 前各号に掲げるもののほか、研修の実施に関し必要な事項として文部科学省令で定める事項

3 (略)

(初任者研修)

第23条 公立の小学校等の教諭等の任命権者は、当該教諭等(臨時的に任用された者その他の政令で定める者を除く。)に対して、その採用(現に教諭等の職以外の職に任命されている者を教諭等の職に任命する場合を含む。附則第5条第1項において同じ。)の日から1年間の教諭又は保育教諭の職務の遂行に必要な事項に関する実践的な研修(以下「初任者研修」という。)を実施しなければならない。

2・3 (略)

(中堅教諭等資質向上研修)

第24条 公立の小学校等の教諭等(臨時的に任用された者その他の政令で定める者を除く。以下この項において同じ。)の任命権者は、当該教諭等に対して、個々の能力、適性等に応じて、公立の小学校等における教育に関し相当の経験を有し、その教育活動その他の学校運営の円滑かつ効果的な実施において中核的な役割を果たすことが期待される中堅教諭等としての職務を遂行する上で必要とされる資質の向上を図るために必要な事項に関する研修(以下「中堅教諭等資質向上研修」という。)を実施しなければならない。

2 (略)

人事異動や処分って、誰がどうやって決めてるんだっけ？

　ここは第1講の復習とも言える内容です。一言で言ってしまえば、人事異動や処分は、任命権者である都道府県教育委員会が決めています（地教行法第37条第1項）。任命権者とは、採用、昇任、転任などの職に人を就ける行為や、分限・懲戒処分などの決定等を行う権限を有する機関のことです。

　第1講で紹介したように、本来であれば市町村立学校の教職員の任命権は、市町村教育委員会がもっていそうなものですが、県費負担教職員制度に基づいて、都道府県教育委員会が任命権者として人材を確保し、広域的な人事を行う仕組みになっています。したがって、市町村立学校の教員の身分は市町村の職員として地域との関係を保たせながら、人事は都道府県教育委員会が広く市町村をこえて行うことにより、教職員の適正配置と人事交流を図る仕組みとなっています。

　人事異動に当たっては、都道府県は市町村の内申をまって人事を行うこととされており（同法第38条第1項）、都道府県は市町村の内申を尊重する必要があります。また、校長の意見の申し出があった場合、市町村の内申にその意見を添付することとされており、これにより、校長の意見が反映される仕組みとなっています（同法第38条第3項、第39条）。実務的には、年度末の人事異動に向けて、市町村教育委員会が校長等にヒアリングを行うとともに、都道府県教育委員会が市町村の教育長等に同じくヒアリングを重ね、人事異動の案を練り上げていき、市町村から都道府県への内申があり、年度末にいよいよ内示・発令となるという流れです。

　なお、指定都市の小中学校の教員の任命権は、都道府県教育委員会ではなく、指定都市教育委員会がもつこととなっていますので、念のため。

○地方公務員法
（任命権者）
第6条　地方公共団体の長、議会の議長、選挙管理委員会、代表監査委員、教育委員会、人事委員会及び公平委員会並びに警視総監、道府県警察本部長、市町村の消防長（特別区が連合して維持する消防の消防長を含む。）その他法令又は条例に基づく任命権者は、法律に特別の定めがある場合を除くほか、この法律並びにこれに基づく条例、地方公共団体の規則及び地方公共団体の機関の定める規程に従い、それぞれ職員の任命、人事評価（任用、給与、分限その他の人事管理の基礎とするために、職員がその職務を遂行するに当たり発揮した能力及び挙げた業績を把握した上で行われる勤務成績の評価を言う。以下同じ。）、休職、免職及び懲戒等を行う権限を有するものとする。

2（略）

（任命の方法）
第17条　職員の職に欠員を生じた場合においては、任命権者は、採用、昇任、降任又は転任のいずれかの方法により、職員を任命することができる。

2（略）

○地方教育行政の組織及び運営に関する法律
（任命権者）
第37条　市町村立学校職員給与負担法（昭和23年法律第135号）第1条及び第2条に規定する職員（以下「県費負担教職員」という。）の任命権は、都道府県委員会に属する。

2（略）

（市町村委員会の内申）
第38条　都道府県委員会は、市町村委員会の内申をまつて、県費負担教職員の任免その他の進退を行うものとする。

2（略）

3　市町村委員会は、次条の規定による校長の意見の申出があつた県費負担教職員について第一項又は前項の内申を行うときは、当該校長の意見を付するものとする。

（校長の所属教職員の進退に関する意見の申出）
第39条　市町村立学校職員給与負担法第1条及び第2条に規定する学校の校長は、所属の県費負担教職員の任免その他の進退に関する意見を市町村委員会に申し出ることができる。

おわりに

　学校現場の先生方とお話すると、文部科学省は「雲の上の存在」といわれることがあります。それは我々が学校現場と頻繁にやりとりしているわけではなく、教育委員会以上に顔が見えづらいことが一因だと思われます。しかしながら、教育の本質は学校現場の教員と子供とのふれあいの中にあることを考えると、文部科学省は雲の上の存在であってはならず、「縁の下の力持ち」であるべきです。そして我々がやっているのは教育行政であって、教育そのものではありません。全ての答えは、人と人とが関わり合う教育の現場にあるのです。それを勘違いしないように仕事をしてきているつもりです。

　文部科学省の先輩にも、縁の下の力持ちとして活躍された方がたくさんいらっしゃいます。以下は終戦から間もない、昭和22年3月19日の帝国議会の議事録からの抜粋です。学校教育法の審議において、社会党の永井勝次郎氏から、義務教育の6・3制の実施に当たって必要な施設や教材が心もとないことについて、文部省の見解を問われ、文部省学校教育局長（当時）の日高第四郎氏が答弁したものです。

> 　非常に現在の日本の教育内容というものが貧弱であるということは、殘念ながら認めなければならない次第でありますが、そういう化學的施設というものの一歩前の、たとえば机であるとか、黒板であるとかチョークというようなものまでも、殘念なことでありますけれども、不自由をしておるような状態でありまして、紙も、極端に申しますれば教科書も十分配給できるかどうかわからないような状態にありますので私どもといたしましては、配給その他の機構につきましても、できるだけ教育に向けるものについては、政府もあるいは民間のものも、一般にそれに尊重の念をもつて優先的に配給してもらうように努力いたしたいと思つております。

おわりに

> 敗戦の結果ではありますけれども、今日の日本を復興させるものは、現在戦争にも責任のある私どもの力というよりは、何も知らなかつたこれから來る若い人たちの力によつて、日本は再びこの情ない状態を―― ―― ―― 失禮いたしました ―― ―― ―― ―― 盛り返さなければならないと思つております。これについては、私どもとしては教育に唯一の望みをかけておりますので、萬難を排して、私どものあとから來る者のために、喜んで踏み臺になつていきたいと思つております。

　このように日高局長は、文部省の考えを率直に打ち明け、次代を担う子供たちに絶大な期待をしながらも、その子供たちに対して教科書も与えることのできない悲惨な状況について答弁をしていた途中に、言葉が詰まり、涙が次から次へと流れ、答弁することができなくなり、最後には声をあげて泣いたといいます（――失禮いたしました――の部分）。局長が泣いている約5分間は、議場にいる誰一人として一言も発することなく、日高氏を見守ったとのことです。
　子供たちのために涙を流し、喜んで踏み台になりたいと言った日高局長。筆者も、先輩である彼と同じ熱き魂をもって、縁の下の力持ちとして学校現場を支えていきたいと思っています。

　学校現場、教育委員会、文部科学省は、それぞれ仕事の内容や立場こそ違えど、「子供たちのために」という想いでは、全く心を同じくしています。我々は教育の道を行く同志として、全国のそれぞれの持ち場で、また明日から「子供たちのために」全力を尽くしていきましょう。
　最後になりましたが、本書の発刊は、文部科学省の先輩方や後輩、各教育委員会で教育長や管理主事、指導主事をしておられる先生方のアドバイスや支えによって実現できたものです。この場を借りて心からの感謝を申し上げたいと思います。
　また、週末しか執筆できず、筆が遅い我々を最後まで励まし支えてくださ

った第一法規の北野家稔氏、三ツ矢沙織氏にも御礼を申し上げたいと思います。改訂版の出版に当たっては、松田浩氏、田村雅子氏にお世話になりました。ありがとうございました。

　そして、最後の最後になってしまいましたが、東日本大震災や熊本地震などの被災地で教育の復興に携わっている方々に、心からの敬意を表したいと思います。筆者も少しでも皆様と寄りそって被災地の教育を支えていきたいと思い、本書で得られた印税を被災地の子供たちの学び支援のために寄付したいと思います。一緒にがんばっていきましょう。

　　　　　　　　　　　　　　　　　　　平成30年3月　髙　橋　洋　平
　　　　　　　　　　　　　　　　　　　　　　　　　　栗　山　和　大

【著者紹介】

高橋洋平

福島県教育庁教育総務課長

昭和57年生まれ。東北大学教育学部卒業。平成17年文部科学省入省。初等中等教育局初等中等教育企画課専門職、研究振興局振興企画課総括係長、生涯学習政策局政策課教育改革推進室専門官、カリフォルニア大学バークレー校客員研究員、高等教育局私学部私学助成課課長補佐などを経て、平成28年4月より福島県に出向。現在は、教育委員会内の総合企画と調整、教育の復興などを担当。

栗山和大

文部科学省大臣官房総務課法令審議室専門官（併）審議第一係長

昭和60年生まれ。東京大学法学部卒業。平成19年文部科学省入省。初等中等教育局初等中等教育企画課専門職、同企画係長、研究開発局開発企画課総括係長、大臣官房総務課法令審議室専門官（併）審議第三係長、同審議第二係長などを経て、平成29年4月より現職。現在は、文部科学省全体の総合調整などを担当。

サービス・インフォメーション

―― 通話無料 ――
①商品に関するご照会・お申込みのご依頼
　　　　　TEL 0120(203)694／FAX 0120(302)640
②ご住所・ご名義等各種変更のご連絡
　　　　　TEL 0120(203)696／FAX 0120(202)974
③請求・お支払いに関するご照会・ご要望
　　　　　TEL 0120(203)695／FAX 0120(202)973

●フリーダイヤル(TEL)の受付時間は、土・日・祝日を除く
　9：00～17：30です。
●FAXは24時間受け付けておりますので、あわせてご利用ください。

―文部科学省若手職員が学校管理職の疑問に答える―
改訂版　現代的学校マネジメントの法的論点　厳選10講

平成23年12月15日　初版発行
平成30年4月15日　改訂版発行
著　者　　高橋　洋平・栗山　和大
発行者　　田　中　英　弥
発行所　　第一法規株式会社
　　　　　〒107-8560　東京都港区南青山2-11-17
　　　　　ホームページ　http://www.daiichihoki.co.jp/

学校論点・改　ISBN978-4-474-06267-2　C2037　（9）